그 한 사람 예배자에게

죠이선교회는 예수님을 첫째로(Jesus First)
이웃을 둘째로(Others Second)
나 자신을 마지막으로(You Third) 둘 때
참 기쁨(JOY)이 있다는 죠이 정신(JOY Spirit)을 토대로
하나님 나라의 확장을 위해 지역 교회와 협력, 보완하는
선교 단체로서 지상 명령을 성취한다는 사명으로 일합니다.

죠이선교회 출판부는 그리스도를 대신한 사신으로
문서를 통한 지상 명령 성취와 하나님 나라 확장을 위해 노력합니다.

그 한 사람 예배자에게
Copyright © 2020 전영훈

이 책의 저작권은 저자와 독점 계약한 죠이선교회에 있습니다. 신 저작권법에 의하여
한국 내에서 보호받는 저작물이므로 무단 전재와 무단 복제를 금합니다.

죠이북스는 죠이선교회의 임프린트입니다.

그 한 사람 예배자에게

예 배 음 악 사 역 노 트

전영훈 지음

죠이북스

contents

추천사 · 6

프롤로그 예배의 단상 · 9

1장 단순하지만 정말 중요한 세 가지 질문 · 19
2장 예배 음악 사역의 10가지 키워드 · 33
3장 사람을 세우는 팀 사역 · 63
4장 팀 사역의 갈등과 해결 · 75
5장 콘티 작성을 위한 레시피 · 89
6장 글로 배우는 겁 없는 앙상블(1) · 101
7장 글로 배우는 겁 없는 앙상블(2) · 123
8장 찬양 인도의 준비에서 실전까지 · 143
9장 시혜적 문화 사역에서 호혜적 문화 사역으로 · 163

에필로그 그 한 사람에게 · 175

부록 흥얼거림 작곡법(허밍 송라이팅) · 189

예배 음악 사역을 위한 참고 도서 · 231

추천사

모든 예배 음악 사역자의 서가에 자리할 책

전영훈 목사의 작품에 대해 내가 객관적인 평론이 가능하기나 한 걸까. 그는 내게 피붙이 같은 형제요, 인생의 가장 빛나던 시기를 함께 통과해 낸 동반자다.

 글보다 사람이 먼저 보인다는 것은 독서의 방해 요소일진대, 글과 사람이 일치하는 경우에 집중도는 외려 증폭된다. 글은 땀이고 숨이고 길이다. 그런 의미에서 글짓기란 걸어온 궤적과 현재 서 있는 좌표를 가장 정확하게 추적해 내는 행위와 다름없다.

 이 책은 전영훈 목사의 지난날을 보여 주며, 동시에 그가 벼르고 겨누는 내일이 어떤 것인지 가늠케 한다. 그가 그토록 사랑하는 한국 교회와 예배를 망원경과 현미경을 교차로 들이대어 정밀하게 그려낸다.

 그가 내게 친구이자 스승인 것처럼 이 책 역시 그의 성품을 닮아서 다정하고 때론 준엄하다. 실제적인 책은 가벼이 부유하기 쉽고, 이론적인 글은 짐짓 공허해지기 마련이겠으나 이 책은 내용과 형식 그 어느 면에서도 굳건하여 모든 예배 사역자와 음악 사역자의 서가에 자리해, 성경 옆자리에 있어도 썩 어울릴 책이다.

언젠가 한 후배가 나에게 가장 존경하는 사역자가 누구냐고 묻기에 조금 고민을 하다가 이렇게 답했다. "전영훈!" 이 짧은 대답이야말로 이 귀한 책에 가장 어울리는 헌사일 것이다.

_민호기 목사 (찬미워십 대표, 대신대학교 교회실용음악학부 교수)

누군가의 곁에 서 있어 주는 친구 같은 책이 되기를

오랜 시간 찬양 사역의 길을 걸어오다가 목회의 길로 방향을 튼 전영훈 목사를 곁에서 지켜보았는데, 이 책을 보니 그가 지나온 사역의 궤적 그대로를 고스란히 담아내고 있는 것 같다. 그는 때로는 아티스트다운 섬세한 감성과 예술적 감각으로 남다른 독특함을 발산하지만, 때로는 성도의 삶에 맺힌 작은 열매 하나에 아이처럼 감격하기도 한다. 그리고 혹시 자신의 미덥지 못한 손길에 성도들이 행여나 상하기라도 하면 어쩌나 전전긍긍하는 모습이 안쓰럽기도 하다.

그동안의 사역 전부를 이 한 권의 책에 다 담아내지는 못하겠지만, 예배 사역자이자 목회자로 살아 내면서 성실하게 그려 낸 이 흔적이 단순히 '책'이 아닌 누군가의 곁에 서 있어 주는 '친구'가 되어 주기를 바란다.

그가 늘 입버릇처럼 말한 대로, 앞으로 그의 사역이 예배와 일상을 통해 하나님 나라가 이 땅 위에 이루어지는 통로가 되기를 응원한다. 그리고 무엇보다 이 책이 앞으로 그가 새롭게 시작할 사역을 위한 좋은 마중물이 되어 주기를 소망한다.

_송태근 목사 (삼일교회 담임, 오르도토메오 아카데미 대표)

동역자들과 찬양 사역을 꿈꾸는
후배들에게 주는 선물

이 책은 예배 찬양 인도의 이론과 실제의 모든 것을 담은 귀한 안내서다. CCM 아티스트와 예배 찬양 사역자의 오랜 경험 위에 폭넓은 배움이 더해져 사역의 지평을 넓혀 가는 치열한 노력이 이 책에 고스란히 드러난다. 또한 그의 진솔한 논의가 감동을 준다.

이제 그는 멘토의 자리에서 시행착오를 통해 쌓은 지혜를 이 책에 가득 담아 동역자들과 찬양 사역을 꿈꾸는 후배들에게 아낌없이 나누어 주고 있다. 그들에게는 이 책이 귀한 선물이 될 것이다. 많은 귀한 나눔 중에 예배 찬양 사역에서 가장 중요한 것은 훈련된 예배 음악 사역자라는 말이 깊이 와 닿는다. 저자의 경건과 따뜻한 마음이 잘 어우러져 돋보이는 귀한 책이다.

_신국원 교수 (총신대 신학과 명예 교수, 웨스트민스터 신학대학원대학교 초빙 교수)

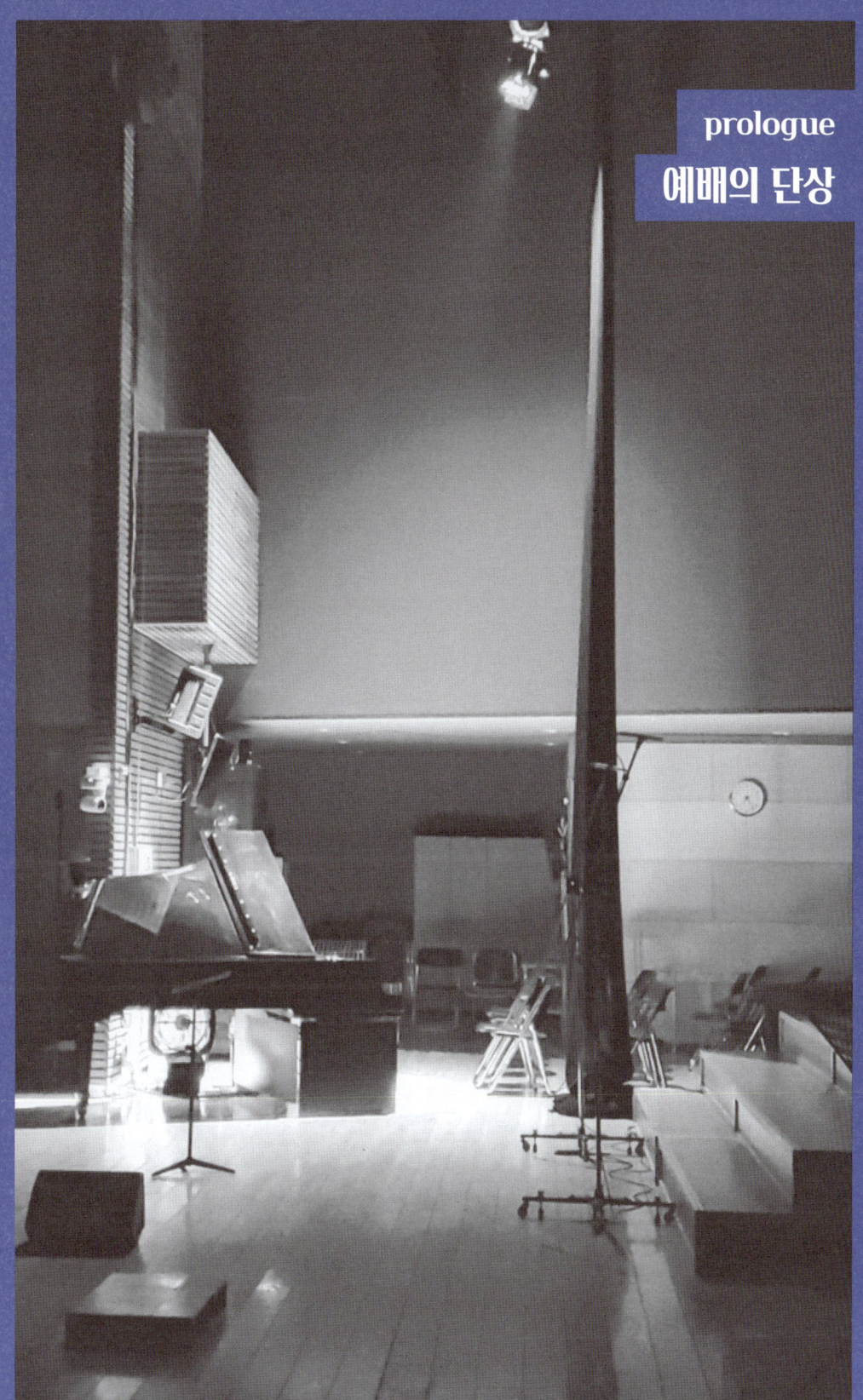

prologue
예배의 단상

글을 시작하면서 우선 우리에게 익숙한 세 가지 주일 예배 풍경을 떠올려 봅니다.

첫 번째 풍경입니다.

교인들을 가득 태운 버스들이 속속 커다란 교회 주차장으로 줄을 지어 들어옵니다. 본당에 들어서면 거대하고 화려한 분위기의 전통적인 예배당과 웅장한 오르간 소리가 예배자들을 맞이합니다. 예배자들은 편안하고 고급스러운 의자에 앉아 마음을 가라앉히고 예배의 시작을 기다립니다. 마침내 사회자가 예배 개회 선언을 하면 모두 경건한 마음으로 일어나 오르간 소리에 맞춰 묵도로 예배를 시작합니다. 강단 앞쪽에는 수십 명의 오케스트라가 위치해 있고, 성가대는 강단 좌우로 거대한 날개처럼 펼쳐져 노래합니다.

엄숙하고 진지한 분위기를 유지해야 하기에 예배 중에 각종 소음이나 돌발 상황이 일어나지 않도록 하는 일은 안내자들에게 매우 중요한 직무입니다. 목사님께서 강단 마이크 앞으로 걸어 나오시며 설교를 시작하면, 마치 "바로 지금이 진짜 예배의 시작이야!"라고 선언하는 것 같습니다. 그리고 그 시간에 맞춰 분주하게 들어오는 성도들은 안내자들의 능숙한 인도로 빈자리를 찾아갑니다.

설교가 끝나면 축도가 이어지고 성가대의 축도송과 함께 예배가 끝납니다. 사람들은 친절한 미소로 서로 인사하고, 자연스럽게 본당을 빠져나갑니다. 그 후에는 교회 식당으로 가서 식사를 하거나 개별 모임을 하기 위해 흩어집니다.

다음, 두 번째 풍경입니다.

교회 건물은 현대 건축의 트렌드를 반영한 디자인으로 설계되어 있습니다. 예배당 안팎에는 근사한 현수막과 포스터들이 게시판에 질서정연하게 부착되어 있습니다. 작은 부분에도 세심하게 신경 쓴 손길은 보는 이들로 하여금 존중받는 느낌이 들게 합니다.

그렇게 예배당 안으로 들어가면 깔끔하고 신선한 교회 분위기에 맞는 찬양이 최고의 사운드 시스템을 통해 흘러나옵니다. 그리고 전통적인 교회 주보와는 사뭇 다른 느낌의 컬러풀하고 독특한 주보와 최신 그래픽 기술을 배경으로 한 예배 안내 자막이 초고화질 화면으로 중계됩니다.

예배가 시작되면 찬양 인도자는 세련된 미소와 멘트로 성도를 맞이합니다. 오랜 세월 교회를 섬겨 오신 몇몇 분은 기존의 분위기가 너무 급격하게 바뀐 것에 대해 조금은 불편하게 생각하시기도 합니다. 하지만 교회의 미래를 위하는 마음으로 새롭고 낯선 찬양을 열심히 따라 부르거나 조용히 앉아서 기도하는 쪽을 선택합니다.

개혁적인 교회답게 엄숙한 묵상 기도보다는 요즘 많이 불리는 찬양곡으로 자연스럽게 예배를 시작하고, 때론 시작 부분에 서로 축복하는 시간을 가지기도 합니다.

그렇게 찬양이 끝나면 바로 기도와 말씀이 이어집니다. 깔끔한 양복 차림의 설교자는 시각과 청각을 자극하는 역동적인 설교를 메탈과 크리스탈로 만들어진 세련된 강대상 위에서 이어갑니다. 권위적이거나 딱딱하지 않은 대화 형식으로 설교하는 설교자를 보면 가끔 텔레비전에 나오는 인기 강사를 보는 것만 같습니다.

설교가 끝나면 한 치의 오차 없이 자연스럽게 기도와 찬양 순서가 이어지고, 물 흐르듯 축도까지 이어집니다. 그렇게 예배가 끝나면 조명이 전체적으로 밝아지고, 화면에 교회 영상이 계속 중계되는 동안 성도들은 자연스레 예배당을 빠져나갑니다.

마지막 세 번째 풍경입니다.

예배 10-20분 전에 작은 12인용 승합차가 교회 좁은 앞마당으로 급하게 빨려 들어옵니다. 교회가 상가 건물에 있는 경우 좁은 지하 주차장이나 갓길 주차 구역에 차를 급히 대고 성도들을 신속하게 이동시킵니다. 이 차를 운전하시는 전도사님은 어젯밤에 아동부와 청소년부 설교를 동시에 준비하느라 이미 눈이 벌겋게 충혈되어 있습니다.

그는 바로 예배실로 뛰어가 기타를 잡습니다. 회중석에서는 열심 있는 교사가 띄엄띄엄 어색하게 앉아 있는 성도들에게 다가가 옆에 앉아 이것저것 챙겨 줍니다. 어쩌다 찾아오는 새가족은 그야말로 천하보다 귀한 생명입니다. 전도사님은 급하게 배운 코드 몇 개로 최선을 다해 기타 연주를 하며 찬양합니다. 비록 열악한 환경이고 찬양 인도에 대해 늘 이런저런 말을 많이 듣지만, 그래도 맡겨 주신 사역이기에 최선을 다해 찬양합니다.

아동부를 섬긴 교사들이 다행히도 설교 전에 아슬아슬하게 성가대에 합류합니다. 지휘자는 늦게라도 합류해서 찬양에 힘을 보탠 교사들이 그저 고마울 따름입니다.

목사님의 말씀에 이어 광고와 축도가 끝나면 몇몇 청년은 점심 식사를 위해 작은 식당 겸 유아부실에 상을 폅니다. 찬양을 인도하시던 전도사님은 예배가 끝나면 아동부 아이들을 집에 데려다주기 위해 아까 그 승합차를 향해 급히 달려갑니다.

우리가 섬기고 있는 예배 음악 사역의 현실적인 모습은 어떤가요? 어쩌면 대부분 세 번째 풍경이 아닐까 합니다.

우리가 흔히 롤모델로 삼고 배우는 예배 음악 사역 팀은 보통 대규모의 청중을 대상으로 하거나 기능적으로도 탁월한 실력을 가진 팀입니다. 그러다 보면 자칫 우리의 예배가 그들의 예배와 비교되어 상대적 박탈감을 느끼게 되고, 무리한 목표로 인해 피로감과 괴리감이 더 심해질 수도 있습니다. 실제로 어떤 선교지에 있는 음악 학교에서 찬양 팀 세미나 요청을 받아서 밴드 앙상블 수업을 준비해 간 적이 있습니다. 하지만 막상 현지에 가 보니 거의 교회에 기타만 있거나, 조금 상황이 나으면 피아노와 젬베 같은 간단한 리듬 악기가 더 있는 정도여서 적잖이 당황한 경험이 있습니다.

이런 모습은 비단 해외 선교지에서만 볼 수 있는 풍경이 아닙니다. 한국 교회 중에 제대로 된 풀 밴드로 예배를 섬길 수 있는 환경을 갖춘 교회는 그리 많지 않은 것이 우리 예배 음악 사역의 현실입니다. 어쩌면 이 책을 읽으시는 상당수의 독자는 마지막 세 번째 풍경처럼 교회의 여러 어려운 현실 가운데서도 치열하게 하나님을 예배하는 분들일 것입니다.

그래서 무엇보다 이 책에 지극히 일반적인 한국 교회의 예배 음악 사역 환경에 대한 현실적이고 구체적인 고민을 함께 담아내고 싶었습니다. 현실적으로 찬양 팀을 섬길 수 있는 인원이 많지 않아서 보통 한 사람의 리더가 많은 역할을 고스란히 떠맡아야 하는 찬양 사역의 상황을 감안하였습니다.

특히 찬양 인도자 한 사람에게 교회가 요구하는 사역은 한편으로 참 버거울 때가 많습니다. 사역에 대한 성경적인 이해, 음악적인 기술, 인도법, 목양적인 마음, 선교와 문화에 대한 안목, 팀 사역과 리더십, 교회와의 갈등 해소 등 그야말로 총체적인 능력을 요구받는, 참으로 무거운 자리입니다. 그래서 이런 다양한 부분을 배우고 습득하기 위해 많은 예배 음악 사역자는 개인적으로 예배와 관련된 서적을 읽거나 예배 세미나에 참석하기도 합니다.

흔히 예배 세미나를 주최하는 교회나 단체는 예배의 정의에서부터 자세, 기술적인 부분, 팀 사역에 이르기까지 각 파트별로 탁월한 강사들을 섭외하여 파트별 최고의 커리큘럼을 제공합니다. 또 추가로 심화 학습을 원하는 수강생들을 위한 장기 훈련 코스가 개인 레슨 혹은 학원이라는 형태로 운영되기도 합니다. 거기서 조금 더 나아가 전문 찬양 사역자가 되고 싶은 사람들은 아예 대학교 실용음악과에 입학하기도 합니다. 하지만 이 모든 과정을 따로 찾아 공부하기 위한 현실적인 여건은 마냥 쉽지만은 않습니다.

그리고 사실 좋은 악기나 훌륭한 커리큘럼도 좋지만, 실제적으로는 한 사람의 훈련된 예배 음악 사역자가 더 필요합니다. 배워야 할 사람은 많은데 정작 가르칠 사람이 없다는 것이 문제입니다. 주어진 상황에 맞게 예배 사역들을 함께 세팅해 나갈 동역자가 절실히 필요하다는 겁니다.

그러던 어느 날 저는 스스로 질문해 보았습니다.

"이런 다양한 예배 음악 사역 경험을 가진 한 사람(동역자) 같은 책이 있다면 얼마나 좋을까?"

그런 고민 끝에 저는 용기를 내어 이 책을 쓰기로 작정하고, 이 책의 주제를 정했습니다.

"한 명의 예배 음악 사역자를 위한 한 권의 책!"

저는 20여 년 동안 개인적으로 다양한 사역을 경험해 왔습니다. 1999년 〈소망의 바다〉 앨범을 시작으로 10여 년간 CCM 아티스트로서 작사, 작곡, 편곡, 노래, 프로듀싱 등을 경험하고, 2003년부터 10여 년간 '소망의 바다 미니스트리'라는 사역 팀을 세우고 이끌면서 수많은 시행착오를 통해 배우며 팀 사역을 경험했습니다. 그리고 2006년부터 10여 년간 학교에서 교회 음악과 관련된 강의들을 진행하였고, 2008년부터 10여 년간 전통적인 지역 교회와 아름답게 성장하는 개척 교회, 그리고 한국을 대표하는 청년 교회에서 교구 사역, 청년 사역, 예배 음악 사역, 문화 사역 등을 다양하게 맡아 왔습니다. 이제는 이런 경험들을 바탕으로 플랫폼 교회를 세워 사람을 세우고, 교회를 세우며, 리더를 양육하고 파송하는 사역을 준비하고 있습니다.

비록 저의 지난 사역들이 특별히 많은 사람의 기억에 남을 만한 훌륭한 사역이 아닐 수도 있습니다. 하지만 저와 비슷한 고민을 하면서 비슷한 길을 걷고 있을 분들에게 작은 도움이나마 될 수 있다면 얼마나 좋을까 하는 바람이 있습니다.

저는 이 책의 내용들을 딱딱한 학문의 틀 안으로 집어넣기를 원하지 않습니다. 그래서 이 책은 한 예배 음악 사역자의 자전적 에세이처럼 느껴질 수도 있습니다. 한 사람의 예배 음악 사역자가 현장에서 실제로 마주하게 되는 상황과 필요에 따라 직관적인 순서로 서술하려고 노력했습니다. 또한 알아듣기 어려운 전문 용어들은 최대한 쉬운 말로 풀어쓰려고 애썼습니다.

마치 한 사람의 예배 음악 사역자가 완벽하지 않듯이 이 책 또한 완벽하지 않습니다. 이 책에서 다루는 각 주제마다 기초부터 심화까지 모두 다루기에는 양이 너무 방대해질 뿐더러, 무엇보다 필자의 역량 또한 그에 미치지 못합니다.

이 책은 개인적으로 제 평생 동안 써 내려가야 할 '예배 음악 사역'이라는 책의 서론과도 같습니다. 향후 이 책의 각 주제들은 앞으로 제 사역의 여정 속에서 더욱 깊어지고 확장되어 또 다른 한 권의 책이나 강의로 여러분을 만날 수 있게 되기를 바랍니다.

부디 이 책이 독자들의 예배 음악 사역 현장에서 묵묵히 곁을 지키는 좋은 친구이자 동역자로 서 있게 되기를 바랍니다.

2020년 7월
전영훈

그 한사람
예배자에게

chapter 1
단순하지만 정말 중요한 세 가지 질문

각자 어린 시절을 떠올려 보면, 교회에서 목사님이나 선생님께 받았던 질문 중에 꼭 이런 질문이 있습니다. "성경을 한 단어로 표현하면 뭘까?", "사랑을 한 문장으로 표현하면 뭘까?" 그런데 저는 이런 식의 극단적인 질문을 가장 싫어했습니다. "아니 그게 어떻게 딱 한 단어나 문장으로 정리될 수 있나요?"라고 되묻고 싶었던 적이 한두 번이 아니었습니다.

하지만 극단적이라고까지 느껴지는 이런 종류의 질문은 때론 어떤 중요한 개념을 좀 더 분명하게 정리해서 기억하기 좋게 만들어 주는 장점이 있는 것 같습니다.

지금부터 우리는 너무나 당연하고 단순해서, 어쩌면 모두가 알고 있을 거라고 추측해서 쉽게 생략해 버리는, 중요한 질문 세 가지를 던지고 그에 대한 해답을 찾아가 보려고 합니다.

예배란 무엇일까?

첫 번째 질문은 "예배란 무엇일까?"입니다.

사실 예배의 기본적인 의미나 마음가짐, 태도에 관한 글은 인터넷상에 넘쳐 날 정도로 이미 많습니다. 그래서 굳이 이 책에서 예배에 대해 광범위하고 심오한 학술적인 의미를 다루거나, 혹은 이전에 없던 전혀 새롭고 특별한 내용을 지어내느라 많은 에너지를 소비하고 싶지는 않습니다. 다만, 기존에 알려진 예배 사역과 관련된 개념들을 간략하게 소개하면서 통합하는 작업을 한 후에 예배 사역에 필요한 기본 개념을 나름대로 정리해서 소개하고자 합니다.

조금은 딱딱하고 어려울 수 있지만, 그래도 한 번쯤은 꼭 짚고 넘어가야 할 예배의 기본적인 개념에 대해서 짧게 다루어 보겠습니다.

'예배'는 구약 성경에서 히브리어로 **'아보다'**Avodah, עֲבוֹדָה 입니다. 이 단어는 **'일하다'** 또는 **'섬기다'**라는 뜻을 가지고 있습니다(사무엘하 15장 8절 참조). 이 단어는 원래 예배의 외적인 행위와 내적인 본질을 분리하지 않고 함께 담아내는 포괄적인 의미를 가지고 있었습니다.

그런데 시간이 지나면서 '예배'가 종교 행위로서 하나님께 봉사하고 섬긴다는 의미로만 주로 쓰이게 되었는데요. 안타깝게도 인간의 삶이 예배와 점차 분리되었기 때문에 예레미야에 이르러서는 영적인 예배와 대립된, 형식적인 예배 의식을 뜻할 때에만 쓰이게 되었습니다.

구약의 '아보다'와 같은 의미로 신약에서는 헬라어로 '**라트레이아**' λατρεία라는 헬리어 단어가 등장합니다. 이 단어의 뜻은 '임금을 받는 고용', 혹은 '매매되는 노예'를 의미하는데요. 신약에서는 이 단어가 특별히 외적인 예배 행위와 내적인 본질을 분리시키기보다는 원래 구약의 '아보다'처럼 행위와 본질이 포함된 의미로 사용됩니다. 영어로는 'service'로 번역되며, 오늘날 우리가 사용하는 예배의 의미와 가장 비슷한 의미를 가지고 있습니다(로마서 12장 1절 참고).

여기에 추가로 조금 더 본질적인 예배의 의미로 헬라어 '**프로스큐네오**' προσκυνέω라는 단어가 등장하는데, 이 단어는 무엇을 향해 '엎드리다', '경배하다'의 의미를 가지고 있습니다(요한복음 4장 20절 이하 참고). 예배의 본질적인 가치를 설명할 때 특별히 많이 사용되는 단어입니다. 영어로는 'worship'이라는 단어가 사용되며 worth + ship의 합성어, 즉 예배 대상의 가치에 합당한 것을 드리는 것을 뜻합니다.

위의 내용을 토대로 예배의 개념을 요약, 정리해 보면 이렇습니다. 예배란 그리스도인들이 모여서 하나님께 드리는 **공적인 예배 의식**을 뜻합니다. 동시에 예배의 외적인 행위가 내적인 예배의 본질과 분리되지 않고 하나로 밀착되어 하나님께 드려지는 거룩한 행위입니다. 그리고 단순히 예배 의식 속에서만 하나님을 예배하는 것이 아니라, 우리 마음과 몸을 다하여 하나님의 가치에 맞게 하나님께 드려지는 **삶 그 자체**를 말합니다.

예배 사역이란 무엇일까?

두 번째 질문은 "예배 사역이란 무엇일까?"입니다.

오늘날 한국 교회에서는 현대적인 스타일의 음악으로 예배를 섬기는 사역을 일반적으로 '예배 사역' 혹은 '워십 사역'이라고 지칭합니다. 사실 '예배 사역'이라는 단어는 고유 명사가 아닌 일반 명사지만, 꽤 긴 시간 동안 앞에서 설명한 것처럼 교회 안에서 그 의미가 고유 명사로 사용되었습니다. 그래서 앞으로도 큰 이론의 여지가 없는 한 계속해서 그렇게 쓰일 것 같습니다.

분명 예배 사역은 지금까지 한국 교회에 커다란 유익을 주었고, 지금도 그런 역할을 잘 감당하고 있다는 사실은 누구도 부인할 수 없습니다. 예배 사역은 기존의 전통적인 예배에 활력을 불어넣는 역할뿐만 아니라, 한국 교회의 다음 세대를 위한 선교적인 역할까지 훌륭하게 잘 감당했습니다. 개인적으로도 저는 그 역사의 현장에 있었던 예배 사역자 중 한 사람으로서 무척 자랑스럽습니다.

하지만 조금 아쉬운 부분이 있다면, 예배 사역이라는 개념을 현대적인 스타일의 예배 음악 사역자가 주로 사용하다 보니, 예배 안에서 음악이 아닌 다른 파트의 사역자일 경우 부득이하게 자신의 사역에 대한 개념에 혼선을 겪기 쉽습니다. 의도한 것은 아니지만 현대적인 스타일의 예배 음악 사역이 '예배 사역'이라는 공통의 일반 명사를 홀로 **독점**해 버리는 모양새가 되고 만 것입니다.

또한 현대적인 스타일의 예배 음악 사역자들이 '예배 사역'이라는 이름으로 스스로의 사역에 대해 너무 지나친 가치를 부여할 때, 자칫 그들 스스로가 교회 부흥을 주도해야 한다는 잘못된 영웅주의에 빠질 수도 있습니다. 사실 이런 현상은 이미 오래전부터 교회의 사역 현장 속에서 자주 발생된 문제이기도 합니다.

1980년대 중반부터 2000년대 초까지 예배 사역이 한국 교회에 커다란 반향을 불러일으키면서 전국적으로 수많은 찬양 팀이 교회마다 우후죽순 생겨났습니다. 어떤 장로님들은 차를 팔아서 찬양 팀을 위해 헌금을 하기도 했고, 또 어떤 교회는 특별 헌금을 작정해서 음향 기기와 악기들을 구입하기도 했습니다. 그리고 신세계를 경험한 찬양 사역 지망자들이 각 교회마다 새롭게 생겨났고(필자도 그들 중에 하나입니다), 그들은 대형 집회에서 들은 찬양과 멘트를 그대로 따라하면서 개 교회에서 똑같이 인도하는 기현상까지 생기기도 했습니다.

심지어 간혹, 마치 기존의 모든 문제에 대한 유일한 해답이 기존의 질서를 바꾸는 '변화'인 것처럼 찬양 인도 시에 멘트를 한다거나, 담임목사님의 설교 전에 찬양 인도자가 담임목사님과 전혀 다른 교회의 방향성을 주장하는 모습까지 생겨났습니다. 이렇게 예배 사역의 빛이 밝은 만큼 그림자도 곳곳에 많이 드리워지게 되었습니다. 개인적인 바람이 있다면 예배 사역이라는 이름을 예배와 관련된 교회 구성원 모두의 것으로 다시 되돌려 드리면 어떨까 합니다.

그동안 교회 내에서 음악 사역과 관련된 다양한 용어가 등장했습니다. 그중에서 현대적인 스타일의 예배 음악 용어의 사용과 관련된 대표적인 주장에는 두 가지가 있습니다.

첫 번째는 교회에서 부르는 음악 중에 예배 때 주로 쓰이는, 하나님을 향한 수직적 음악을 '**예배 음악**'으로 부르고, 그 외에 교회 구성원들이 자신의 신앙 고백을 담거나 서로를 향해 축복하고 나누는 음악을 '**교회 음악**'으로 구분하여 부르자는 주장입니다.

그리고 두 번째는 1980년대 중후반부에 미국으로부터 도입되어 현재까지 한국 교회에서 널리 사용되고 있는 용어인 CCMContemporary Christian Music과, 이것과는 구별된 의미로 예배 때 주로 사용되는 음악을 뜻하는 CWMContemporary Worship Music으로 예배 음악 용어를 구분하여 부르자는 주장입니다.

그 외에도 예배 사역과 관련된 용어 사용에 관한 다양한 주장이 있지만, 사실 이런 다양한 의견을 하나로 모으기 위해 교단을 초월한 모든 교회가 따로 소통 협의체를 구성해서 일괄적으로 하나의 공용어를 사용하기로 채택한다는 것은 현실적으로 거의 불가능에 가깝습니다.

미국의 신학자 존 M. 프레임이 그의 책 「신령과 진정으로 드리는 예배」(총신대학교출판부 역간)에서 했던 말처럼 신약 성경에 초대 교회 예배 형식에 대한 정확한 매뉴얼이 명시되어 있지 않은 이유는 어쩌면 교회들이 예배의 본질이 아닌 형식에 있어 각자의 상황에 맞게 자유로운 형식으로 예배하라는 하나님의 의도일 수 있습니다. 각자 다른 예배적인 상황에 놓인 독자들이 자신의 공동체적 맥락에 가장 잘 맞는 용어를 선택하여 풍성한 은혜를 누리도록 돕는 것이 용어의 형식적인 통일보다 훨씬 더 중요하다고 생각합니다.

그래도 혹시 여러분이 저에게 개인적인 의견을 물으신다면(이 글에서 계속 사용할 하나의 용어를 선택해야 하기에), 저는 위의 상황을 적절히 고려해서 **'예배 음악 사역'**이라는 용어를 사용하면 어떨까 합니다.

현대 사회에서 음악의 탈장르화 현상이 가속화되면서 장르에 대한 형식적인 구분이 거의 사라지고 클래식과 대중음악이 서로 장르를 넘나드는 상황이 일반화되고 있습니다. 사실 과거에는 이 두 가지 음악 장르가 교회 안에서 강하게 대립한 적도 있었지만 최근에는 어느 정도 서로의 차이를 인정하며 공존하는 문화가 형성되고 있습니다. 참고로 이런 두 가지 음악 형식을 섞은 예배를 **'블랜디드 워십'** Blended worship이라고 부릅니다.

그렇기 때문에 예배 음악 사역이라는 용어를 현대적인 스타일의 예배 음악을 가리키는 데 사용할 때, 굳이 그 앞에 '현대'라는 단어를 덧붙이지 않는다고 해서 전통적인 스타일의 성가가 가지고 있는 음악적 정체성을 현대적인 스타일의 예배 음악이 침범하거나 위협하는 의도로 인식하지는 않을 거라고 생각합니다. 이러한 논리적인 근거를 바탕으로 앞서 언급한 두 가지 대표적인 주장 속에 등장하는 'CWM'이라는 외래어와 '예배 음악'이라는 두 용어는 적절한 교차점을 찾을 수 있습니다. 특히 같은 의미를 포함하고 있는 두 단어 중에 외래어보다는 우리말로 된 용어를 우선적으로 사용하는 것이 적절하다고 보입니다.

그래서 이 글에서는 앞으로 기존의 **'예배 사역'**이라는 용어는 음악 이외의 다양한 예배 사역까지 포괄적으로 지칭할 때 사용하고, 현대적인 스타일의 예배 음악을 지칭할 때에는 **'예배 음악 사역'**이라는 용어를 선택하여 사용하겠습니다.

음악이란 무엇일까?

마지막 세 번째 질문은 "음악이란 무엇일까?" 입니다.

전문 음악인을 꿈꾸는 후배들에게 목회자이자 전문 음악 사역자로서 평소에 가장 많이 받는 질문이 있습니다.

"목사님, 저는 오직 하나님을 예배하는 데에만 저의 음악적인 재능을 다 바치고 싶었어요. 그런데 막상 음악 활동을 고민하다 보니까 대중음악을 하고 싶은 마음이 커져 버렸네요. 하나님은 저의 이런 생각을 기뻐하실까요? 저는 예배 음악 사역자가 되어야 할까요? 아니면 대중음악가가 되어야 할까요? 두 가지를 같이 한다면 저는 어디에 더 중심을 두고 활동해야 할까요?"

사실 제가 제시하고 싶은 정답은 의외로 간단합니다. 특정한 음악 장르 안에 자신과 음악을 가두지 말고 하나님의 영광을 위해 그리스도인으로서 할 수 있는 모든 음악을 하라는 것입니다. CCM 가수는 왜 CCM이라는 장르 안에만 갇혀야 하고 예배 음악 사역자는 왜 예배 음악 사역 안에만 갇혀야 할까요? 음악의 장르가 음악가의 정체성을 규정하는 것이 아니라, 음악가가 음악의 정체성을 규정하는 주체라는 사실을 잊지 말아야 합니다.

음악은 **언어**입니다. 언어는 그 자체로 메시지의 주체가 아니며, 언어를 사용하는 주체가 자신의 생각을 담아서 어떤 대상에게 전달하는 통로이자 도구입니다. 다시 말하면 언어는 대상과 내용에 따라 그 용법이 달라집니다. 부모님이나 나이가 많은 분에게 말씀드릴 때, 친구나 편한 사이와 대화할 때, 그리고 잘 모르는 사람에게 말할 때 우리가 사용하는 말이 각각 다릅니다.

그리스도인으로서 음악을 사용할 때도 마찬가지입니다. 하나님과 관계할 때 쓰는 말이 있고, 공동체 구성원들 사이에 쓰는 말이 있습니다. 그리고 교회 밖의 사람들에게 쓰는 말이 있습니다. 상황과 맥락에 맞게 예배 음악, 교회 음악, 기독교 대중음악이 다양하고 풍성한 메시지를 담아낼 수 있어야 합니다. 그러한 음악이 하나님과 나 사이, 공동체 구성원 가운데, 그리고 교회를 다니지 않는 사람들 사이에서 많이 불리고 나누어져야 합니다.

사실 여기에 또 하나의 질문이 덧붙여지기도 합니다.

"어떤 음악이 선하고, 어떤 음악이 악한가요?"

이 질문은 기독교 세계관의 관점을 사용하여 설명해 보겠습니다. 바로 **'창조, 타락, 구속'**이라는 세 가지 렌즈로 이 질문에 대답해 보려고 합니다.

하나님은 천지 만물을 창조하셨습니다. 그리고 하나님께서 창조하신 모든 천지 만물은 하나님이 보시기에 좋았습니다. 그중에 음악도 포함되어 있습니다. 모든 음악은 하나님이 지으셨을 그때는 선했습니다.

그런데 인류의 범죄로 온 세상에 타락의 영향력이 지배하게 되었습니다. 그래서 모든 만물은 죄로 인해 창조된 원래의 의도에서 빗나가 왜곡과 변질의 길을 걷게 됩니다. 그중에 음악도 포함되어 있습니다. 이것은 장르를 불문하고 모든 음악에 영향을 끼칩니다. 로마서 8장 22절은 "피조물이 다 이제까지 함께 탄식하며 함께 고통을 겪고 있는 것을 우리가 아느니라"고 말하고 있습니다.

그러나 예수 그리스도의 십자가 대속의 죽음과 부활로 우리는 나의 개인적인 구원뿐만 아니라 만물의 회복을 함께 경험하게 됩니다. 골로새서 1장 20절에 "그의 십자가의 피로 화평을 이루사 만물 곧 땅에 있는 것들이나 하늘에 있는 것들이 그로 말미암아 자기와 화목하게 되기를 기뻐하심이라"고 선포하고 있습니다.

그중에 음악도 포함되어 있습니다. 음악 또한 구속의 역사 안에 포함되어 있습니다. 어떤 음악이든 **회복**의 도구로 하나님께 쓰임받을 수 있습니다. 특별히 기독교 음악인들은 어떤 장르의 음악을 하든 '회복'의 관점으로 음악 활동을 고민해야 합니다.

물론 음악의 장르별 역사의 차이는 분명히 존재합니다. 역사의 차이에 따라 그 음악이 겪어야 할 **성숙**의 단계에도 차이가 있습니다. 하지만 이것은 각 음악에 주어진 여정을 각자가 감당해야 하는 것입니다. 그렇기 때문에 예를 들어 1,000년의 여정 속에서 충분히 무르익은 찬송가와 CCM, CWM을 단순 비교해서는 안 됩니다.

이렇게 우리는 자유롭지만 정확한 원칙을 가지고 예배 음악 사역뿐만 아니라 음악 자체의 개념을 잘 이해하여 음악 활동에 임해야 합니다.

실습 및 적용

❶ 여러분이 속해 있는 예배 음악 팀의 구성원들은 예배에 대해 어떻게 이해하고 있는지 솔직하게 나누어 봅시다.

❷ '예배 음악 사역이란 무엇인지'에 대해 교회 내의 다른 섬김 부서원과 나누어 봅시다. 나눈 내용을 가지고 자신이 속해 있는 예배 음악 팀은 다른 교회 구성원으로부터 어떤 평가를 받고 있는지 솔직하게 나누어 봅시다.

❸ 교회에서 어떤 음악을 사용해야 할지 고민하는 사람들과 '음악이란 무엇인지' 이 책의 내용을 토대로 이야기를 나누어 봅시다. 혹시 현대적인 스타일의 예배 음악에 대해 불편한 마음을 가진 분들이 주변에 있다면 그런 분들에게 부정적으로 반응하기 전에 우선 그분들의 말씀을 겸손히 귀 기울여 듣는 시간을 가져 봅시다. 그리고 그 후에 여러분에게 어떤 변화가 있는지 나누어 봅시다.

그 한 사람
예배자에게

chapter 2
예배 음악 사역의 10가지 키워드

앞서 언급했다시피 지금은 인터넷 검색 한 번만으로도 예배 음악 사역에 대한 글들을 매우 쉽게 찾아볼 수 있는 시대입니다. 더 새로운 것은 없을까, 더 특별한 내용은 없을까를 고민하기보다는 이미 우리가 알고 있는 개념을 자신만의 것으로 명확하게 정리한 후에, 그것을 지속적으로 반복하며 되새기는 것이 중요합니다.

우리의 예배 음악 사역은 짧은 기간 화려하게 불타오르는 브라질의 카니발 같은 축제가 아닙니다. 음식으로 따지면 매일매일 챙겨 먹는 **삼시 세 끼**와도 같은 것입니다. 물론 가끔은 떨어진 입맛을 회복하기 위해 색다른 별식이 필요하지만, 건강의 원동력은 별식이 아닌 평범한 삼시 세끼에서 나온다는 사실을 기억해야 합니다.

제 아무리 다른 가정의 밥상이 먹음직해 보인다 하더라도, 무턱대고 그 밥상을 우리 집 밥상에 그대로 옮겨 온다고 상상해 보세요. 아마 그것보다 성의 없어 보이는 밥상은 없을 것입니다. 지역마다 밥상 문화가 다르고, 밥상에 둘러앉은 구성원마다 입맛이 다릅니다. 저마다 필요한 식단이 다르고, 가정마다 밥상을 차릴 수 있는 경제적인 상황도 다릅니다. 예배 음악 사역도 마찬가지입니다. 다른 사람, 다른 공동체의 말이 아니라 우리 공동체의 말로 소화된 키워드가 필요합니다. 이미 잘 알려진 예배 음악 사역에 대한 수많은 성경적, 신학적, 교회적, 역사적 정의를 공동체의 입맛에 맞게 다시 잘 버무려서 맛깔나게 내어놓는 것이 중요합니다.

이제부터 설명하려고 하는 예배 음악 사역의 10가지 키워드 또한 마찬가지입니다. 여기에서 제시하는 10가지 키워드를 살펴본 후에 그것을 모두 사용해도 좋고, 아니면 마음에 드는 한두 가지만 사용해도 좋습니다. 그리고 더 좋은 항목을 추가하여 사용해도 좋습니다. 단, 성경의 진리와 교회의 질서에 어긋나지 않는 것을 사용하는 것이 매우 중요합니다.

예배는
부르심과 순종입니다

예배를 제대로 이해하기 위해서는 창조의 의미를 깊이 묵상해야 합니다. 하나님께서 세상을 창조하실 때 사용하신 방식은 '**말씀**'이었습니다. 다른 방식으로 표현하면 바로 '**부르심**'calling 입니다. 하나님은 해와 달을 부르셨습니다. 바다와 산도 부르셨습니다. 그리고 우리도 부르셨습니다.

그렇다면 하나님이 우리를 부르신 이유는 무엇일까요? 웨스트민스터 소요리 문답 1문은 '인간의 가장 우선 되는 목적은 바로 하나님을 영화롭게 하고 하나님을 영원히 즐거워하는 것'이라고 말하고 있습니다. 바로 이것이 하나님께서 우리를 부르신 이유입니다.

하나님은 특별히 말씀 되신 그의 아들 예수를 통해 우리를 부르셨습니다. 이것은 요한복음 1장 1-3절의 내용에서도 알 수 있습니다.

"태초에 말씀이 계시니라 이 말씀이 하나님과 함께 계셨으니 이 말씀은 곧 하나님이시니라. 그가 태초에 하나님과 함께 계셨고, 만물이 그로 말미암아 지은 바 되었으니 지은 것이 하나도 그가 없이는 된 것이 없느니라."

예배의 출발점은 부르심입니다. 예배는 단순한 노래나 종교 의식이 아닙니다. 삶이 존재하는 목적에 맞게 방향을 설정하는 행위입니다.

창조주의 부르심에 대한 피조물인 우리의 합당한 반응은 바로 '순종'입니다. 세상은 '부르심'과 '순종'이라는 두 가지 원리로 구성되어 있습니다. 창조주가 부르셨고, 세상은 순종하여 부르심대로 지어졌습니다. 시편 33편 9절에서 "저가 말씀하시매 이루었으며 명하시매 견고히 섰도다"라고 선언합니다. 창조주의 부르심에 피조물이 순종하지 않았다면 세상은 존재할 수 없었고, 지금도 존재할 수 없습니다. 창조주 아버지의 부르심대로 나의 모든 일상에서 순종하며 사는 모든 삶이 바로 예배입니다. 그렇기 때문에 넓은 의미로 보면 예배란 부르심에 대한 **순종** 그 자체입니다.

부르심과 순종은 우리가 예배를 가장 폭 넓게 이해할 수 있는 좋은 키워드입니다.

예배는
교회의 심장입니다

예배 없는 교회를 상상해 보셨나요? 그것은 마치 주인공이 없는 결혼식과 같습니다. 하나님은 예배를 통해 교회의 존재 방향과 목표를 보여 주십니다. 사실 너무 뻔한 말이지만 생각보다 우리는 이 말에 대해 실감하지 못할 때가 많습니다. 심장이 멈춰 가는 사람에게 좋은 옷을 입히고 좋은 음식을 먹이고 좋은 차와 집을 선물해 주는 것은 아무런 의미가 없습니다. 정작 그 사람의 심장이 멈춘다면 그것이 다 무슨 소용일까요?

교회가 살아나려면 예배가 살아야 합니다. 사실 이것은 우리에게 매우 당연한 대전제입니다. 그래서 우리는 늘 어떻게 하면 예배를 잘 드릴 수 있는지, 어떤 예배가 하나님이 받으시기에 합당한 예배인지, 그것을 위해 어떤 준비를 해야 하는지에 대해 너무나도 알고 싶어 합니다. 하지만 좋은 방법을 찾아서 구체적으로 결단한다 하더라도 그것을 실제로 풀어내기 위해 직면해야 할 우리의 현실은 정말 만만치가 않습니다.

조직의 규모가 크고 움직임이 활발한 교회일수록 거대한 내부 조직을 운영하는 것에 많은 에너지를 쏟아야 합니다. 그래서 정작 예배가 다른 프로그램에 밀려 폄하되거나 소외되고 마는 슬픈 현실을 우리 주변에서 쉽게 볼 수 있습니다. 그렇기 때문에 우리는 교회의 다양한 사역을 돌아보며 신앙의 '존재'와 '행동'의 균형을 맞추기 위해 진지하게 논의해야 합니다. 만일 이 균형을 무너뜨리는 문제에 대해 뼈를 깎는 심정으로 결단하지 않으면 사실상 근본적인 변화는 불가능합니다.

사실 교회 안에서 어떤 일을 멈춘다는 것은 굉장히 낯선 풍경입니다. 교회 안의 모든 부서의 사역이 톱니바퀴처럼 쉴 새 없이 원활하게 잘 돌아가는 것을 보며 누군가는 "와! 저 교회는 정말 살아 있는 교회야. 저거 봐, 얼마나 역동적으로 움직이는지 부럽다 부러워"라고 말합니다.

하지만 건강한 교회는 어떤 일이든 쉽게 멈출 수 있고, 또 멈추었다가 쉽게 다시 시작할 수 있어야 합니다. 이것은 마치 좋은 차일수록 액셀과 브레이크가 잘 작동하기 때문에 쉽게 멈추고 쉽게 출발하는 원리와 같습니다.

그저 건강하게 존재하는 법을 잘 배워야 건강하게 무언가를 할 수 있습니다. 존재Being와 행동Doing의 균형이 맞지 않을 때 우리 안에서는 반드시 그에 따르는 문제들이 발생하게 마련입니다. 우리에게 있어 '존재'는 바로 예배입니다. 정작 예배가 되지 않을 때 우리의 어떠한 '행동'도 빛이 바랠 수 있음을 기억해야 합니다. 혹시나 불균형이 느껴진다면 우리는 교회의 건강한 존재와 행동의 균형을 위해 실현 가능한 구체적인 결정을 내리고 하나씩 개선해 나가야 합니다.

공동체 구성원의 과도한 사역으로 인한 피로를 줄여 주는 일과 예배의 집중도를 높이는 이 두 가지 과업 사이의 건강한 연결고리를 찾지 못한다면, 우리는 여전히 뛰지 않는 심장으로 부지런히 일함으로써 교회의 가치를 증명해야 하는 비참한 운명에서 헤어 나오지 못할 것입니다.

예배는 교회의 **심장**입니다. 예배가 다른 사역을 잘하기 위한 기초 단계라고 생각하지 않기를 바랍니다. 예배는 우리의 전부가 될 수 있습니다.

예배 음악 사역은
전투입니다

치열하게 콘티를 연습하고 예배 현장에 서게 되면 머릿속이 복잡해질 때가 많습니다. 갑자기 곡 진행 순서가 헷갈리기도 하고, 때론 가사나 코드 진행이 떠오르지 않을 때도 있습니다. 팀원들 간의 갈등에 마음이 괴로워 그 마음을 들키고 싶지 않아 얼굴을 제대로 들지 못할 때도 있습니다. 퇴근 후에 피곤한 몸을 이끌고 수요 예배나 금요 철야 예배를 섬기러 오는 경우에는 더욱 힘이 듭니다. 그런 여러 상황이 겹쳐 힘들어하는 팀원들이 리더를 찾아와 이렇게 말합니다.

"저 요즘 너무 힘들어요. 제가 도저히 예배를 드릴 준비가 되어 있지 않아서 사역을 잠시 쉬고 싶어요. 조금이라도 회복하고 다시 복귀할게요. 죄송합니다."

사역하다 보면 분명 쉼이 필요할 때가 있습니다. 육체적인 질병이나 건강상의 어려움이라면 더더욱 그렇습니다. 그것은 단순히 기도로만 해결되는 문제가 아닙니다. 이럴 때 우리는 영적인 문제와 육체적 피로를 혼동해서는 안 됩니다. 영적으로 힘들다는 이유로 영적인 활동을 멈춰 버리다가 어느새 아예 신앙생활마저 쉬어 버리는 경우를 저는 매우 많이 보았습니다. 영적 전쟁의 특징은 평생 멈춤이 없이 계속 싸워 나가야 한다는 것입니다.

예배 음악 사역은 전투입니다. 예배 음악 사역자는 잔잔한 호수 위의 백조가 아닙니다. 오히려 전쟁터에서 흙탕물에 구르고 상처에 핏빛이 가시지 않은 채로 치열하게 싸우며 버티는 군인의 모습에 가깝습니다. 무너진 가슴과 무릎을 억지로라도 일으켜 세워 하나님을 향하는 예배의 현장으로 나와야 합니다. 그러면 신기하게도 예배의 전투에 참여하는 자는 그곳에서 놀라운 회복을 경험하게 됩니다.

지금도 쉽지 않지만, 목회 초년 시절에 사역을 하던 중 힘든 감정을 추스르기 어려울 때가 있었습니다. 심지어 가끔씩 주일에 설교를 하러 가기 싫을 때도 있었습니다. 예배당으로 들어가면서 최대한 성도들의 얼굴을 마주하지 않고 바로 예배에 들어가고 싶을 때도 있었습니다. 그렇게 저는 미리 맨 앞자리에 앉아서 고개를 숙이고 하나님과 사투를 벌였습니다.

"주님, 도와주세요. 지금 제가 살길은 예배밖에 없습니다. 지금 저는 서 있을 힘조차 남아 있지 않습니다."

가끔은 리더도 예배의 현장에서 도망치고 싶을 때가 있습니다. 사람이 두렵고 상황이 너무 버거워 모든 것이 무너져 버릴 것만 같을 때가 있습니다. 저는 그럴 때마다 사람들이 보이지 않는 가장 앞자리에 앉아 하나님만 바라보기를 작정하고 사투를 벌입니다. 그러면 놀랍게도 힘을 잃었던 나의 무릎이 예배가 끝난 후에는 어느새 다시 힘을 얻어 당당히 서 있는 것을 발견하게 됩니다.

혹시 이 글을 읽으시는 분들 중에 몇 년째 예배 음악 사역을 쉬고 있는 분이 계십니까? 쉬면 괜찮아질 것 같았는데 오히려 상황이 더 악화되지는 않았는지요? 이제 다시 시작해 보십시오. 예배의 전투를 다시 시작하십시오. 당신의 무기력해진 영적 입맛이 다시 돌아오고 잃어버린 예배의 능력을 경험하게 될 것입니다.

예배 음악 사역은
고귀한 낭비입니다

성경 속에 나타난 예배자들은 어김없이 효율성과 경제성이라는 공식을 뛰어넘어 자신의 시간과 재물을 낭비하면서 하나님을 예배했습니다. 예수님의 머리 위에 자신의 전 재산인 옥합을 깨뜨려 향유를 부어 예배한 여인이 그랬습니다. 초대 교부 오리게네스Origenes는 이 여인의 행위가 지닌 의미를 풀어내면서 자신을 깨뜨릴 때만 향기를 발할 수 있는 그리스도인의 삶의 특징을 설명하였습니다.

2001년 1월 26일 오전 7시 15분경 일본의 신오쿠보역에서 한국인 유학생이 술에 취한 일본인을 구하기 위해 철로에 뛰어들었다가 유명을 달리하게 되었습니다. 그 유학생은 당시 26세였던 '이수현'이라는 청년이었습니다. 일본인들은 매년 그의 희생을 추모하며 그의 이름을 딴 장학회도 설립하였습니다.

포스트모던 시대에서 삶의 가장 큰 가치는 **자아실현**입니다. 하지만 정작 내가 그 희생의 당사자가 될 때는 그 가치를 실천하기 어려운 것이 사실입니다. 기독교의 **십자가**는 이런 면에서 현대인들이 더욱 이해할 수 없는 난해한 가치입니다. 하지만 그렇기 때문에 문학이나 영화, 예술 작품을 보면 주인공이 **자기희생**을 통해 다른 이를 구원하는 이야기가 감동을 줍니다. 이것은 자기희생이 현대인들의 정서에 스며들어 있는 흠모할 만한 **동경**의 가치라는 사실을 말해 줍니다. 이런 현대인들의 내적 갈등에 대해 가장 적절한 답을 제시해 줄 수 있는 것이 바로 예수 그리스도의 십자가 정신일 것입니다.

사실 이런 고귀한 십자가 이야기는 우리의 사역 현장과는 아주 거리가 먼 이상적인 신화로만 그칠 것이 아닙니다. 이 아름다운 이야기는 우리가 팀을 섬길 때 사역 현장에서 구체적으로 실현되어야 합니다.

예배를 드리기 위해서는 나의 시간과 노력, 때로는 재정까지 낭비해야 할 때가 있습니다. 관계 속에서 불필요하고 억울한 희생이나 배려를 해야 할 때도 많습니다. 게다가 그 희생의 가치만큼 눈에 보이는 아무런 열매가 없을 수도 있습니다.

하지만 너무 억울해하거나 슬퍼하지 않기를 바랍니다. 낭비 없는 관계, 희생 없는 사역은 존재하지 않습니다. 하지만 그것은 불필요한 낭비가 아니라 고귀한 낭비라는 것을 항상 기억해야 합니다. 그리스도인들은 십자가의 길을 따르는 삶을 살아야 한다는 사실을 늘 잊지 말아야 합니다. 그렇다면 우리의 예배 음악 사역 현장 속에 나타나는 고귀한 낭비의 사역은 구체적으로 어떤 것일까요?

사역을 하다 보면 팀의 문제를 논의하기 위해 마련된 자리에 정작 그 문제의 장본인들은 참석하지 않을 때가 많습니다. 그래서 굳이 싫은 소리를 듣지 않아도 되는 사람들이 항상 그런 이야기를 듣고 앉아 있을 때가 많습니다. 리더로서 그런 상황이 올 때마다 마음이 무겁고 힘듭니다.

하지만 착하고 충성된 종들이 흔히 지고 가야 하는 팀 내에서의 십자가가 있습니다. 부르심의 소망을 따라 모든 것을 드려 사역에 헌신한 팀원들이 있는 반면에, 할 사람이 없으니 나라도 섬겨 주자는 심정으로 마음먹고

'도와주러 오신' 팀원들도 있습니다. 안타깝게도 우리 예배 음악 사역의 현실은 이런 지체들을 완전히 배제하고 사역할 수 있는 환경이 아닐 때가 많습니다. 그렇다면 우리는 이 상황을 어떻게 해석하고 받아들여야 할까요?

고귀한 낭비의 모습은 하나님께뿐만 아니라 동역자들에게도 해당되는 덕목입니다. 서로를 위해 시간, 감정, 재정, 힘을 낭비하는 것이 하나님께 드려지는 고귀한 낭비의 예배라는 사실을 기억해야 합니다. 확신할 수 있는 것은 시간이 흐른 뒤에 돌아보면, 결국 고귀한 낭비의 예배를 드리는 자가 거둔 삶의 열매의 맛은 결코 쓰지 않음을 발견하게 되리라는 것입니다.

예배 음악 사역은
'함께'입니다

예배는 결코 개인이 하나님께 홀로 드리는 일대일의 관계로 끝나지 않습니다. 교회의 본질 자체가 공동체성을 가지고 있듯이, 예배도 본질상 **공동체성**을 포함하고 있습니다. 에베소서 4장 3절에서 바울은 "평안의 매는 줄로 성령이 하나 되게 하신 것을 힘써 지키라"고 권면하고 있습니다.

우리의 예배는 성부 하나님께 드려지는 것이며, 성자 예수 그리스도의 대속을 통해서만 성부 하나님께 나아갈 수 있습니다. 성령 하나님께서 우리 안에 운행하시며 예배드리는 우리를 하나로 묶으심으로 예배는 완성됩니다. 그렇기 때문에 하나님을 향한 예배가 깊어지면 공동체 구성원들의 관계도 깊어집니다.

지금 이 책을 읽고 있는 분들에게 묻고 싶습니다. 팀이 함께 모여 예배할 때 성령께서 서로의 마음과 기도의 방향을 하나로 묶으시는 것을 실제로 경험하면서 사역하고 있나요? 만일 그런 일들이 당신의 공동체에서 일어나고 있다면 당신은 성숙한 예배 공동체의 일원입니다.

그러나 만일 자신이 속한 공동체 안에 하나님과의 관계에 문제가 있는 사람이 늘어나거나 서로의 관계에 문제가 연달아 발생한다면 가장 먼저 공동체가 함께 모여 드리는 예배의 상태를 점검해야 합니다. 교회만 허락한다면 브레이크를 걸고 잠시 멈추어 팀의 예배를 먼저 회복하는 시간을 가지는 것도 좋습니다.

예배 음악 사역은 단순히 마음이 맞는 사람들끼리 자신들이 좋아하는 예배 음악을 함께 즐기는 것이 아닙니다. 하나님은 당신의 일을 위해 사람을 그저 이용하시기만 하는 것이 아니라, 그 사람을 자라게 하십니다. 한 사람의 영적 성숙에 과정이 있듯이 공동체의 영적 성숙에도 과정이 존재합니다.

한 남자와 한 여자가 결혼식을 올린 후 떠난 신혼여행에서는 그저 서로의 얼굴을 보기만 해도 좋습니다. 하지만 사람은 완벽하지 않기 때문에 관계의 시간이 쌓이게 되면 문제는 반드시 일어납니다. 그 과정에서 서로 다투기도 하고 화해하기도 하면서 문제를 놓고 씨름하며 힘겹게 견디는 시간을 보내게 됩니다. 이처럼 리더와 팀원들도 반드시 견디는 과정을 보내게 될 텐데, 이럴 때 영적인 기준으로 해결해 나가야 합니다. 단순히 서로의 끈끈함만으로 문제를 해결하려 한다면 풍랑이 팀을 덮칠 때 결국 다 함께 물에 떠내려가는 신세가 되고 말 것입니다.

그런 조정의 시간을 거친 후에도 여전히 문제는 끊임없이 일어날 것입니다. 하지만 그 문제를 대하는 태도와 자세가 자라면서 그 팀은 믿음 안에서 문제를 건강하게 해결하는 성숙한 팀으로 더 성장하게 될 것입니다.

관계의 문제가 생길 때 만일 상황이 몹시 긴박한 위기 상황으로 치닫게 된다면, 리더는 그에 상응한 조치를 취해야 합니다. 하지만 우리가 하나님을 동일하게 믿고 따르는 공동체 구성원이라면, 우리는 그 시기에 허락된 숙제를 회피하지 말고 기도의 무릎으로 풀어내야 합니다.

하나님이 성숙의 기회로 허락하신 문제를 외면하고 싶을 때가 한두 번이 아닙니다. 하지만 그 문제를 직면하고 하나님의 인도하심을 겸손히 구한다면, 그 고난의 시간은 반드시 여러분의 공동체를 다시 자라게 할 것입니다. 그리고 그것은 다음에 우리를 찾아오는 또 다른 풍랑을 넘어서는 힘이 되어 줄 것입니다.

함께 예배하는 공동체는 무엇보다 예배 안에서 공동체의 방향을 찾아야 합니다. 그보다 확실한 방법은 우리에게 존재하지 않습니다.

예배는
준비입니다

꽤 오래전에 어떤 예배 음악 사역자가 리허설하는 것을 보고 충격을 받은 적이 있습니다. 꽤 큰 규모의 교회였는데요. 예배가 시작되기 30분 전에 예배 장소에서 팀원들이 모여 연습을 진행하고 있었습니다. 상황을 보아 하니 팀원들은 선곡 리스트, 주제, 순서에 대해 찬양 인도자에게 처음 설명을 듣는 눈치였습니다.

심지어 회중들이 이미 앉아 있는 상태에서 찬양 인도자는 팀원들에게 대충 전체 순서를 브리핑한 후에 몇 번 맞춰 보더니 갑자기 돌아서서 회중석을 바라보며 이렇게 말하는 것이었습니다.

"여러분, 저희는 이렇게 연습을 할 때부터 온전히 성령의 인도하심만을 의지하는 자유로운 예배를 드립니다."

그렇게 연습인지 실전인지 구분이 되지 않은 채로 예배는 애매하게 시작되었습니다. 물론 예배의 환경이 열악할 때 우리는 이런 돌발 상황을 피하지 못할 때가 있습니다. 그리고 때로는 의도적으로 느슨하게 예배를 진행하면서 사람의 개입을 최소화하고 하나님의 자유로운 일하심에 내어드리는 방향을 잡기도 합니다.

하지만 솔직히 저는 그 인도자의 말이 몹시 무책임하게 느껴졌습니다. 어떤 마음으로 찬양 시간을 준비했는지 팀원들과 미리 나누고 기도하지도 않고 성령님을 의지한다는 말이 오히려 성령님을 무시하는 말처럼 들렸습니다. 아마 성령님도 그 예배에 아무런 준비 없이 즉흥적으로 참여하시지는 않았을 겁니다. 예배는 잘 **준비**되어야 합니다. '은혜로'라는 말을 준비의 부족함을 발뺌하기 위해 사용해서는 절대 안 됩니다.

찬양 인도자는 최소한 월요일이나 화요일까지 다음 주일 예배의 주제에 맞춰 선곡을 한 후, 팀원들과 공유해서 미리 준비할 수 있도록 도와야 합니다. 그리고 곡의 순서와 레퍼런스 음원, 곡과 곡을 어떻게 이어가거나 끊어갈지를 팀원들이 잘 이해할 수 있도록 설명해야 합니다.

다음은 제가 개인적으로 콘티를 작성하고 팀원들과 공유한 예입니다.

4월 22일/주일 1&2-5&7부/pop찬양&끝송
전영훈 04-17 조회 수 83

삭제 수정

예배일자   2018-04-22

하늘이 파랗습니다. 봄이 되니 참 좋습니다. 지난 주 주일 말씀은 위로부터 나는 지혜의 열매에 대한 이야기였습니다. 그래서 그와 관련된 찬양들로 찬양을 선곡하였습니다. 하늘의 소망을 품고 이 땅을 살아가는 십자가의 전달자로서의 고백들을 한 주간 묵상하고 만나서 나누며 함께 찬양합시다. 그리고 우리 무너진 삶에 생명의 씨앗을 심으시고 다시 세우고 자라나게 하시는 주님을 또한 묵상하며 저녁 예배때 찬양합시다.
우리에게 일상의 예배가 기쁨이 되고, 주일의 예배가 감사의 열매가 되기를 중보하며 기도합니다.

1부
내 영혼이 은총입어(찬송가 438장)

2-5부
하늘 소망(D) https://youtu.be/WbMuJGtuxww
전주-1-2-후렴 반복
십자가의 전달자(Bm)
후렴-1-후렴-verse-내 사랑의 나의 십자가

7부
그대 눈물로 씨를 뿌린 그 곳엔(F) https://youtu.be/VycrXaK61sY
전주 그대로 살려서-1-1-2-후렴 반복
나같은 죄인 살리신(F-G)
바로 1-2-키업해서-3-4-후렴 반복

모든 팀원은 선곡된 곡들을 일주일 동안 함께 묵상하고 성령님이 주시는 마음을 각자 정리합니다. 소통 방법은 온라인이든 오프라인이든 팀에 맞는 방식으로 선택하면 됩니다. 각자 다른 일상이지만 같은 곡으로 한 주간을 묵상하며 준비한 후에 주일에 함께 모여 예배한다면, 공동체 가운데 동일하게 주시는 하나님의 메시지를 확인할 때 주어지는 감격을 맛보게 될 것입니다.

음악 훈련은 기본적으로 다 함께 모여 연습할 수 있는 시간을 충분히 가져야 합니다. 직장이나 개인사로 인해 팀 상황상 평일에 함께 모여 충분히 연습할 수 없다면 앞서 제시한 예처럼 미리 음원 레퍼런스를 공유하고 각자의 파트와 전체 곡 순서를 최대한 미리 숙지한 상태로 모여야 합니다.

하지만 그 곡을 문제없이 카피하여 연주하는 데에만 초점을 맞출 것이 아니라면, 음악을 더 깊이 이해하고 소화하기 위해서 합주의 시간을 별도로 늘려 다양한 패턴 연습을 시도해야 합니다.

나중에 앙상블에 대해 다룰 때 조금 더 자세히 설명하겠지만, 음악에는 여러 장르가 있습니다. 포크, 락, 재즈, 리듬 앤드 블루스R&B, 힙합 등이 있는데 각 장르마다 요긴하게 쓰이는 리듬과 코드 진행이 있습니다. 그렇게 각 장르에 적합한 몇 개의 코드와 마디 수를 임의로 정하여 계속 반복 연주하면서 서로 즉흥적으로 치고 빠지는 일명 잼JAM 연주는 현장성이 강조되는 예배 음악의 특성상 큰 도움이 될 수 있습니다.

보컬 연습의 경우에는 무엇보다도 정확하고 통일성 있는 노래를 위해 같은 음원이나 악보로 연습해야 합니다. 온라인상에 배포된 무료 악보나 음원의 경우, 조금씩 다른 경우가 많기 때문에 반드시 동일한 자료로 통일성 있게 연습해야 합니다. 그렇지 않으면 사소하게 보이는 보컬 간의 불일치가 회중들에게는 큰 혼란을 야기할 수도 있습니다.

예를 들면, 프레이즈 맨 끝에 위치하는 멜로디를 정박보다 항상 반 박자 뒤로 밀어서 살짝 멋을 부린다거나, 복잡한 멜로디를 성도들이 부르기 쉽게 조금 바꿔서 부르다 보니 어쩌다 한 번 전국적으로 찬양 집회가 열리면 각 교회마다 같은 찬양을 다른 버전으로 부르는 웃지 못할 촌극이 벌어지기도 합니다.

무엇보다 연습은 단순히 음악적인 부분만을 맞추는 것이 아니라 마음을 맞추고 영적인 팀워크를 다지는 중요한 시간입니다. 그래서 그 시간에는 반드시 삶에 대한 나눔과 기도, 찬양의 토대가 되는 말씀 묵상이 함께 이루어지는 것이 중요합니다. 시간에 쫓기다 보면 불가피하게 부족한 부분에만 시간을 더 많이 사용하게 되면서 앞서 언급한 것 중에 어느 한 부분을 거르는 것이 습관이 될 수 있습니다. 그러면 그때부터 팀 사역의 균형은 조금씩 무너지기 시작할 것입니다.

음악적인 부분뿐만 아니라 사역 당일 예배당 안의 환경도 미리 인지하고 대처해야 합니다. 음악뿐만이 아니라 우리가 함께 예배드리는 공간이 말씀을 담아내는 메시지라는 사실을 잊지 말아야 합니다. 말씀이 중심이 되는 예배란 단순히 설교자나 설교가 중심이 되는 예배를 뜻하는 것이 아닙니다. 예배의 모든 요소 가운데 깊이 스며든 하나님의 메시지가 모두 하나의 큰 이야기로 엮여 회중들에게 전달되는 예배가 바로 말씀 중심의 예배라고 할 수 있습니다.

들어오는 입구에 세팅된 장식과 새겨진 문구들, 조명의 밝기와 색깔, 의자의 배치, 사운드의 톤, 악기의 배치, 강대상의 모양, 설교자의 의상까지 단순히 현대적이거나 고풍스럽거나 아니면 세련되거나 멋진 것이 아니라, 공간과 시간의 흐름 속에서 그리스도가 어떻게 이야기되어야 할지를 탄탄하게 구성하고 표현하도록 노력해야 합니다.

예배는 성령의 현재성이
이끌어 가야 합니다

그렇다면 주님은 철저히 준비된 계획대로만 일하실까요? 준비한 대로 사역이 이뤄지지 않을 때 우리는 사역에 실패한 것일까요?

예배 음악 사역에서 우리의 준비와 성령님의 일하심은 **두 날개**와도 같습니다. 성령님은 우리가 준비한 콘티 안에서도 역사하시지만, 콘티로 정해 놓은 순서를 넘어 자유롭게 일하시는 분이기도 합니다. 우리의 준비성과 성령님의 현재성은 동전의 앞뒷면과도 같습니다. 사실 음악적으로 따져 보아도 진정한 자유로움은 철저한 준비에서 나오는 것입니다. 준비 없는 자유로움은 무질서와 방종으로 변질될 가능성이 높습니다.

정말 성령께서 이끄시는 예배를 경험하기 원한다면 더욱 땀 흘리며 예배를 준비하시기 바랍니다. 그리고 그날 그곳에서 일하실 성령님을 섣불리 단정 짓지 말고 기대합시다. 정말로 예배 당일에 일하실 성령님의 인도하심을 기대하는 사람이라면 준비를 더욱 즐겁고 철저하게 하며, 동시에 그 너머에서 일하실 성령님에 대해 겸손하고 낮은 마음을 갖게 됩니다.

만일 우리의 준비와 성령의 현재성이 부딪혀 갈등에 빠진다면 우리는 우리 예배의 주인이 누구신지 다시 한 번 점검해 봐야 합니다. 우리의 준비성과 성령의 현재성은 결코 대립의 관계가 아닌 공존의 관계라는 사실을 기억해야 합니다.

지역 교회의 주일 공예배의 경우 즉흥적인 변화는 거의 최소화되기 때문에 미리 준비한 대로 거의 사역이 이루어진다고 볼 수 있습니다. 하지만 처음 접하는 낯선 환경 속에서 일어나는 사역들, 즉 선교나 외부 초청 사역 등의 경우엔 미리 준비한 것들뿐만 아니라 행사 담당자와 구체적인 상황에 대해 소통하면서 그날 현장의 분위기를 수시로 잘 읽어야 할 필요가 있습니다.

저는 사역지에 도착하면 가장 먼저 교회 안팎에 부착되어 있는 현수막이나 포스터, 성도들의 표정과 분위기를 살핍니다. 그리고 담당자와 대화하며 공동체의 상황을 파악합니다. 그렇게 여러 정보를 수집한 뒤에 미리 준비해 온 콘티와 현장의 상황을 함께 놓고 기도하면서 최종 메시지를 정리합니다. 그리고 말하듯 자연스럽게 구어체로 메시지를 메모합니다.

이런 과정을 계속 거치다 보면 정리 속도는 점점 빨라지고, 나중에는 굳이 메모로 기록하지 않아도 될 정도의 수준에 이르게 됩니다. 이러한 꾸준한 노력을 통해 우리는 예배 현장 속에서 우리를 통해 일하시는 성령님의 일하심을 더욱 풍성하게 경험할 수 있습니다. 인도자는 최선을 다해 겸손히 준비하는 동시에 모든 상황 속에서 열린 자세로 성령님을 의지하는 습관을 길러야 합니다.

예배는 개인 예배에서부터 시작됩니다

전체 예배 시간을 1시간 정도로 잡을 때, 예배 순서 및 시간 분배는 일반적으로 이렇게 나열할 수 있습니다.

여는 찬양	신앙 고백, 기도, 헌금	설교	광고, 축도
0 10분	20분	30분 40분 50분	60분

일주일에 딱 한 번 주어지는 찬양 인도 시간을 위해 팀은 얼마나 많은 정성으로 기도하고 준비하겠습니까? 하지만 그러다 보면 자신들에게 주어진 10분 안에 성도들에게 특별한 영적 이벤트를 경험시키려고 하는 잘못된 시도를 하게 될 때가 있습니다. 자칫 일상에서 실패한 삶의 예배를 만회하기 위한 과도한 퍼포먼스에 매달리게 될 우려가 큽니다.

우리의 공예배가 지나치게 외적인 현상에 일희일비하지 않기 위해서는 개인 예배, 소그룹 예배, 대그룹 예배, 이 세 가지 요소가 함께 건강한 균형을 맞추어야 합니다. 대그룹 예배의 성패는 개인적인 말씀 묵상과 기도의 시간, 그리고 소그룹 예배의 성패와 반드시 연결됩니다. 이것은 마치 커다란 땔감용 나무에 제대로 불을 붙이기 위해서 작은 지푸라기나 나무토막에 먼저 불을 붙인 후 좀 더 큰 나무토막에 불을 옮겨 붙이는 것과 같은 이치입니다. 우리 한 사람 한 사람의 개인 예배의 불이 소그룹으로, 소그룹의 불이 대그룹의 부흥의 불꽃으로 이어진다는 사실을 우리는 기억해야 합니다.

예배는
삶의 방식입니다

로마서 12장 1절에서는 우리 '몸'을 하나님이 기뻐하시는 산 제물로 드리라고 하였습니다. 여기서 '**몸**'은 육체뿐만 아니라 우리가 살아가는 삶 전체를 말합니다. 2절에 '마음을 새롭게 함으로 변화를 받[으라]'고 할 때, 마음은 어떤 감정이나 느낌을 말하는 것이 아니라 생각과 의지가 구체적으로 결합된 것을 말합니다. 예배는 어떤 추상적인 이론이 아니라 하나님을 위해 살아가는 행동이자 방식입니다.

미국의 칼빈대학교 교수인 제임스 스미스가 쓴 「하나님 나라를 욕망하라」(IVP 역간)라는 책의 앞부분을 보면 재미있는 비유가 나오는데요. 쇼핑몰은 우리가 들어가는 순간부터 나오는 순간까지 그 모든 과정이 자연스럽게 무언가를 욕망하기 시작하여 결국 어떤 물건을 손에 쥐고 나올 수 있도록 치밀하게 설계되었다고 합니다.

예를 들어 학부모 모임에 참여할 때 우리는 이런 경험을 하게 됩니다. 우리는 모임에 참여하기 전에 누가 뭐래도 불필요한 사교육은 시키지 않고 내 소신대로 자녀를 기를 것이라고 다짐합니다. 하지만 막상 학부모들이 모이게 되면 자연스레 자녀 교육에 대한 이야기가 시작됩니다. 그때 우리 아이는 과외를 몇 개 하고 있는데 당신 아이는 몇 개를 하는지, 또 누구의 아이는 어떻게 그렇게 공부를 잘하는지, 누구의 아이는 왜 그렇게 학습이 흥미를 못 느끼는지를 허심탄회하게 이야기합니다. 결국은 집으로 돌아가는 길에 나도 모르는 사이, 좋은 과외 선생님을 찾아보기로 결심하는 놀라운 변화를 경험하게 됩니다.

우리가 접하는 문화 속에는 이렇게 무의식적으로 우리의 행동과 결정을 변화시키는 장치가 많습니다. 그 효과는 마치 종교적인 예식을 방불케 합니다. 고객을 끌어들이고, 물건을 소개하고, 구입하도록 결단시키고, 마침내 지갑에서 돈이 나오게 하는 모든 행동을 일으키는, 고도로 설계된 기획에 의해 이 모든 예식이 진행됩니다. 제임스 스미스 교수는 이런 문화적인 영향력에 대항하는 대안적인 예전liturgy이 필요한데 그것이 바로 '예배'라고 말합니다.

예배 안에서 일어나는 설교자와 설교, 그리고 성만찬과 세례, 성도들과의 나눔 속에서 예배자는 자신의 삶을 돌아보며 새롭게 하나님의 뜻을 학습하고 훈련해야 합니다. 예배는 그렇게 하나의 종교적 의식에서 **삶의 방식**으로 확장됩니다.

오늘날 수많은 교회가 그리스도인들의 삶과 신앙의 분리로 인한 문제들로 깊은 고민에 빠져 있습니다. 그러한 현상은 교회의 영적 쇠퇴를 더욱 가속화하고 교회에 대한 사회적 인식을 더욱 악화시키는 이유가 되고 있습니다. 건강한 교회와 그리스도인들은 삶과 예배 사이의 괴리감을 어떻게 좁힐 수 있을까를 끊임없이 고민하고 있습니다.

그리스도인의 삶의 회복은 선한 행위가 아닌 거룩한 예배에서부터 시작됩니다. 왜냐하면 그리스도인들은 모두 **예배자**로 부름받았기 때문입니다. 궁극적으로 예배자들에게는 다른 인간적인 관계가 아닌 예배가 영적 돌봄을 받는 가장 중요한 통로가 되어야 합니다. 우리가 누구와 몇 번을 만나서 심방을 하고 신앙적인 도움을 주든 간에 궁극적으로 한 사람의 마음과 영혼의 변화는 오직 하나님만이 일으키실 수 있습니다. 잘못된 열망에 사로잡힌 우리 마음이 변화될 수 있는 길은 하나님의 기뻐하시고 온전하시고 선하신 **열망**이 우리 마음으로 옮겨 붙는 것입니다. 영적 침체에 빠진 이들에게 무엇보다 예배가 강화되어야 하는 이유가 바로 이것입니다.

공동체의 삶과 예배 사이의 괴리감이 커지거나 영적 문제가 심각할수록 우리는 프로그램이 아니라 예배 속에서 답을 찾아야 합니다.

예배는
그 '전'과 '후' 입니다

예배는 단지 예배를 드리는 순간만으로 그 가치를 평가받을 수 없습니다. 예배가 제대로 평가받기 위해서는 예배를 드리는 그 순간보다 그 예배의 '전'과 '후'를 잘 살펴보아야 합니다. 예배를 드리기 이전에 우리가 어떤 마음으로 예배를 준비했는지, 그리고 예배를 드린 이후에 우리의 어떤 부분이 변화했는지에 따라 예배의 가치는 진정으로 평가받을 수 있습니다.

실습 및 적용

❶ 앞에서 나온 10가지 키워드를 가지고 팀원들과 함께 한 주간의 사역을 실제로 준비해 봅시다. 가장 잘 되는 부분과 잘 되지 않는 부분을 서로 점검해 봅시다. 혹은 하나의 항목을 함께 정해서 실습해 보는 것도 좋은 방법입니다.

❷ 여섯 번째 키워드, '예배는 준비입니다'에 따라서 사역을 준비해 봅시다. 사역이 끝난 후, 어떤 면이 좋았고 어떤 면이 아쉬웠는지 팀원들에게 피드백을 받아 봅시다.

❸ 리더는 특별히 따로 시간을 내어 팀원 중 한 사람을 만나 그 팀원이 팀 사역에 대해 어떤 마음을 가지고 있는지 대화를 나누어 봅시다.

chapter 3
사람을 세우는 팀 사역

언젠가 여러분이 지금 몸담은 팀을 떠나게 될 때 단 하나만 남길 수 있다면, 다음 중에서 무엇을 가장 남기고 싶으신가요?

- 최고의 예배 음악
- 최고의 팀을 만들 수 있는 매뉴얼
- 최고의 음악을 연주할 수 있는 악기와 시설
- 좋은 사역자

물론 모든 항목이 팀 사역에 필요한 요소지만, 아마 현장 사역을 충분히 경험하신 분들이라면 이론의 여지 없이 마지막 항목을 선택할 것이라고 생각합니다. 국내든 해외든 아니면 사역 환경이 잘 갖추어진 곳이든 그렇지 않은 곳이든 결국 교회와 사역 단체들이 가장 자주 던지는 질문이 있습니다.

"어디 좋은 사역자 없나요?"

하지만 저는 이 질문을 하시는 분들에게 두 가지 사실을 꼭 알려드리고 싶습니다.

첫 번째는 하나님은 이미 완성된 사람을 쓰시지 않고, 불완전한 사람을 고쳐 가면서 쓰신다는 사실입니다. 우리는 사역자를 선택할 때 마치 결혼하기 위한 이상형을 찾는 것처럼 사역자의 현실적인 자격을 하나하나 평가하고 선택하려 합니다. 하지만 그런 조건에 완벽하게 부합하는 사역자는 없을 뿐더러 그런 조건들은 오히려 사역자에게 족쇄가 되어 잠재된 능력을 발휘하지 못하게 할 때가 많습니다.

두 번째는 어떤 곳에서든 모든 면에 완벽한 사역자가 필요한 것이 아니라, 비록 완벽하지 않더라도 공동체 고유의 상황과 특성에 맞는 사역자가 필요하다는 사실입니다. 사역자를 단지 기능적으로만 대한다면 A라는 곳에서 아무리 좋은 사역자라 할지라도 B라는 곳에서는 의외로 좋은 평가를 받지 못하는 사역자가 될 수도 있습니다. 상황에 따라 앞에서 이끄는 힘이 좋은 사역자가 필요한 공동체도 있고, 뒤에서 포용하는 힘이 좋은 사역자가 필요한 공동체도 있습니다.

예배 음악 사역 팀의 최종 인도자는 하나님입니다. 그 하나님은 부족한 리더를 선택하셔서 리더와 공동체를 함께 만들어 가십니다. 물론 전문적인 사역의 기술과 실질적인 결과를 요구하는 성격의 팀에서는 당연히 최고의 예배 음악, 최고의 팀을 만들 수 있는 매뉴얼, 최고의 음악을 연주할 수 있는 악기와 시설 모두가 필요합니다. 여기서 말하고 싶은 것은 우선순위에 대한 문제입니다.

실제 사역 현장에서 위 항목의 우선순위에 대해 생각하지 않을 때 얼마나 많은 폐해가 발생하는지 그 수를 헤아릴 수 없을 정도입니다. 이 우선순위를 우습게 보고 매 순간 스스로에게 질문하지 않는다면 우리의 사역은 슬픈 결말을 가져올 것입니다.

하나님이
부족한 사람을 쓰시는 이유

하나님이 떨기나무 가운데서 모세를 부르실 때 모세는 쓰실 만한 사람을 쓰시라고 하나님께 말합니다. 기드온은 미디안의 압제를 피해 몰래 포도주즙 틀에서 밀을 타작하고 있는 굴욕적인 상황에서 하나님의 부르심을 받습니다. 요나는 하나님의 계획이 너무 싫어서 멀리멀리 도망가다가 다시 하나님의 부르심을 받습니다.

하나님은 준비된 리더에게 구원의 임무를 맡기시지 않습니다. 오히려 부족한 리더의 모습 속에서 끊임없이 하나님께 구원받는 존재로 그분의 영광을 드러내기 원하십니다. 이것이 세상의 공동체와 그리스도인의 공동체가 결정적으로 다른 점입니다. 그리스도인 공동체에서는 사람의 이야기가 아닌 하나님의 구원 이야기가 끊임없이 드러나야 합니다.

가끔씩 목회자들끼리 우스갯소리로 하는 말이 있습니다. 처음 사역지에 가면 가장 조심해야 할 사람이 이사 첫날에 이삿짐을 날라 주는 사람이라고 말입니다. 물론 농담 섞인 말이겠지만, 어쩌면 이 말은 사람 안에 있는 열정의 빛과 그림자를 간접적으로 표현한 말인 것 같습니다. 열정은 혼자가 아닌 함께일 때 그 성숙도를 평가받습니다. 미숙한 열정은 자기 나름대로의 기준으로 열정이 있는 이들과 없는 이들을 둘로 가르고 평가하고 정죄합니다.

혹시 내가 공동체를 위해 열심히 헌신한 만큼 결과가 따라 주지 않아서 생긴 서운함이 지금 여러분의 마음속에 가득 차 있지는 않습니까? 그것이 심지어 불의의 문제로까지 느껴진다면, 잠시만 생각을 멈추고 하나님께 솔직한 속마음을 내어놓고 잠잠히 하나님의 마음을 느끼기 위해 잠시 머물러 봅시다. 만일 그 상황에 대한 최종 판단을 보류하고 잠시 멈춰 서 있을 수 있다면 당신은 성숙한 사역자입니다.

가만히 보면 사람은 강점이 아닌 단점으로도 일할 때가 있습니다. 스스로 잘한다고 생각하는 부분에서는 제대로 힘을 들이지 않고 평소에 하던 대로 그냥 할 때가 많습니다. 하지만 우리가 부족하다고 생각하는 것에는 오히려 최선을 다해 노력할 때가 많습니다.

목회를 하기 전까지 저는 음악가로서 늘 새롭고 창의적인 것을 추구하며 살았습니다. 그러다 보니 목회자의 길에 들어서면서 목회자가 지녀야 할 일상성, 지속성에 대해 늘 부족하다고 느끼는 경향이 있었습니다. 그래서 혹시나 내게 주어진 사역의 반복되는 일상을 지루해하고 게을리하지는 않을까 염려하기도 했습니다. 하지만 그래서인지 제가 약하다고 생각하는 부분을 누군가가 지적할 때면 저는 그 부분을 훨씬 잘 받아들이고 또 고치려고 노력하게 되었습니다. 반대로 제가 잘한다고 생각하는 부분을 누군가가 지적할 때면 저는 정작 인정하기 싫어할 때가 많습니다.

저는 하나님이 왜 모세처럼 스스로 부족하다고 생각하는 사람을 리더로 세우시는지, 제 모습에서뿐만이 아니라 현장에서 동역하는 리더들을 통해서도 깊이 배우고 있습니다.

팀에 필요한 사람, 팀이 필요한 사람

팀 사역을 이끌다 보면 팀에 필요한 사람뿐만 아니라, 팀이 필요한 사람도 함께하게 됩니다. 리더의 입장에선 팀에 필요한 사람에게 솔직히 마음이 더 끌리게 됩니다. 그리고 가끔씩 이렇게 말하는 사람들을 만납니다.

- "지금 팀을 보니 ○○부분이 많이 부족해 보이네요. 지금 아무래도 이 팀에는 저 같은 사람이 필요한 거 같습니다. 제가 이렇게 답답한데 목사님은 오죽 답답하시겠어요."
- "저는 이 팀이 저에게 필요해서 함께하고 싶어요."

첫 번째 부류의 사람들은 팀이 요구하는 책임보다는 자신이 얻고 싶은 것들을 얻어 내는 것을 팀 사역의 목표로 삼을 때가 많습니다. 반면, 그저 팀에 기대고 싶어서 들어온 두 번째 부류의 사람들이 팀원으로 함께한다는 것은 팀에 많은 꿈을 걸고 나아가는 이들에게는 큰 불만의 요소가 될 수 있습니다. 심지어 팀원들의 열정까지 꺼뜨려 자칫 팀 전체가 동력을 잃게 되는 위험 요소가 되기도 합니다. 하지만 교회는 이런 이들을 배제한 채 공동체를 이루어 가는 것이 불가능합니다. 이런 지체들은 어디에나 존재하기에 그들을 견딜 수 있는 건강한 영적 흐름을 만들어야 합니다. 이것은 하나님이 공동체에 필연적으로 주시는 숙제이기도 합니다. 따라서 문제가 있는지 없는지에 따라 팀의 건강성을 판단해서는 절대 안 됩니다. 그 문제를 십자가의 사랑과 공의 아래서 얼마나 성숙하게 풀어내는지가 공동체의 성숙도를 판가름해 줄 것입니다.

사람은 가르침이 아닌
기다림으로 자라납니다

사람은 누군가 만나 대화를 나눌 때 상대에게 무언가를 배우고 싶은 마음보다는 자신이 믿고 있는 것이 틀리지 않았다는 것을 확인받고 싶어 하는 마음이 더 큽니다. 물론 가끔씩 자신이 놓치고 있는 부분을 발견하고 결정을 수정하는 경우가 있지만, 그것도 결국엔 자신의 큰 결심에서 벗어나지 않는 선에서 무언가를 실행하는 경우가 대부분입니다.

사람은 문서나 물건이 아닙니다. 고장 나거나 망가진 부분을 그 자리에서 바로 수정하거나 삭제할 수 없습니다. 심지어 대부분의 당사자가 그것을 원하지도 않습니다. 우리의 가장 큰 착각은 나의 몇 마디 말로 상대를 바꾸어 놓을 수 있다는 믿음입니다.

저에게는 평생 잊지 못할 기억이 있습니다. 음악 사역을 시작한 지 얼마 되지 않았던 이십 대 초반 때 일입니다. 당시 저는 원래 몸담고 있던 팀을 떠나 제가 좋아하는 친구들이 모여 있는 다른 팀으로 옮기고 싶은 마음이 들었습니다. 솔직한 이유는 그냥 친구들과 같이 음악 활동을 하고 싶었기 때문이죠. 그래서 원래 활동하고 있던 팀의 리더를 찾아가서 이렇게 말했습니다.

"전도사님, 아무래도 저는 이 팀의 음악 스타일과 맞지 않는 거 같아요. 제 음악 스타일에 맞는 팀으로 옮기고 싶어요."

지금 생각하면 정말 너무나 부끄럽습니다. 그런데 그 말을 들으신 전도사님은 잠시 생각할 시간을 가지시고 저에게 이렇게 말해 주셨습니다.

"음, 그래. 나도 생각해 보니 네 말이 맞는 거 같아. 너는 그곳에서 훨씬 더 좋은 사역들을 배울 수 있을 거야. 그렇게 하도록 해."

그렇게 전도사님은 저를 그 팀으로 흔쾌히 보내 주셨습니다. 전도사님은 그 후로도 저의 결정에 대한 부정적인 비난 없이 팀의 지체들에게도 잘 설명해 주셨습니다. 만일 그 순간 전도사님이 그런 저의 미숙함을 다른 팀원들에게 알려서 망신을 주기로 작정하셨거나, 저를 강압적으로 가르치시려고 했다면 어땠을까요?

그 전도사님께는 어떤 기억으로 남아 있을지 모르지만, 저에게는 그 사건이 평생 리더로서 어떻게 팀원들을 대해야 할지에 대한 기준점이 되었습니다. 제가 그때 전도사님께 드렸던 말씀을 고스란히 팀원들에게 다시 듣게 되는 순간이 찾아올 때면 저도 전도사님을 떠올리면서 똑같이 말해 주며 축복하면서 떠나보내려고 노력합니다. 저의 미성숙함을 기다려 주신 전도사님의 모습은 그 어떤 가르침보다도 강력하게 저의 사역에 영향을 끼치고 있습니다.

낯선 만남, 행복한 머묾,
아름다운 이별

그리스도인 공동체는 마치 낯선 만남과 행복한 머묾, 아름다운 이별이 교차하는 플랫폼과도 같습니다. 바로 그것이 그리스도인 공동체가 살아 있다는 증거입니다. 사람을 세우는 사역을 꿈꾸며 시작할 때부터 하나님이 제게 깊이 가르쳐 주신 것이 있습니다.

"사람을 세우려면 사람에 대한 욕심을 버려라."

그리스도인 공동체라면 자신의 공동체에만 집중하는 것이 아니라 나와 우리를 넘어선 하나님의 공동체를 볼 수 있어야 합니다.

예배 음악 사역 현장에서 한 사람의 준비된 사역자는 팀의 보물같이 귀하고 소중한 존재입니다. 그러다 보니 그 사람이 사역을 하다가 좋지 않은 이유로 팀을 나가게 되는 경우, 리더가 자신의 혈기를 누르지 못해 그 사람을 사역자로서 자질이 없다는 식으로 주위에 잘못된 소문을 퍼트리는 경우도 있습니다. 단기적으로 그런 방법이 팀 내에서 추가 이탈을 막고 결집을 다지는 계기가 될지는 모르겠지만, 장기적으로는 결국 자기 스스로를 해치는 행위라는 사실을 잊지 말아야 합니다. 이별이 아름다워야 새로운 아름다운 만남이 찾아옵니다.

한 팀의 조직 문화에만 특화되고 헌신된 사람은 어쩌면 오늘날 **노마드 시대**를 사는 다른 공동체에서는 계륵과 같은 존재가 될 가능성이 큽니다. 우린 더 이상 평생 직장을 꿈꾸기 힘들고, 태어난 곳에서 자라 그곳에서 죽음을 맞이하는 경우가 거의 불가능한 시대에 살고 있습니다. 그렇기 때문에 우리는 낯설고 새로운 것을 받아들이고, 행복한 하나 됨을 꿈꾸고, 아름답게 이별하는 연습을 계속해야 합니다. 함께 사역하던 지체가 다른 조직 문화 속에서도 유연하고 건강하게 한 사람의 그리스도인으로서 바로 서고, 어느 곳에 가든지 그리스도인으로서 살아갈 수 있다면 그보다 더 큰 사역의 보람이 있을까요?

세례 요한은 예수님께 자신의 제자들을 떠나보냈고, 자신의 팀은 결국 완전히 소멸했습니다. 하지만 요한의 제자들은 예수님의 지도 아래 훌륭한 리더가 되었습니다. 세례 요한은 자신의 팀을 세운 것이 아니라, 자신이 예수님 사역의 조력자라는 사실을 잘 알고 있었기 때문에 슬퍼하지 않았습니다.

만에 하나 우리가 모든 것을 걸고 헌신하는 팀에 소멸의 순간이 온다 해도 너무 슬퍼하지 말기를 바랍니다. 결국엔 주님만 흥하시고 우리는 쇠하는 것이 신랑 되신 주님 곁에 선 들러리가 가질 수 있는 최고의 기쁨과 보람이 아닐까요?

실습 및 적용

❶ 이 장을 시작하면서 언급한 질문에 솔직히 답하면서 이야기를 나누어 봅시다. 우리는 과연 이 팀의 사역을 통해 무엇을 남기길 원할까요? 누가 무엇을 선택하든지 열린 마음으로 그 이유에 대해 귀 기울여 봅시다.

- 최고의 예배 음악
- 최고의 팀을 만들 수 있는 매뉴얼
- 최고의 음악을 연주할 수 있는 악기와 시설
- 좋은 사역자

❷ 만일 당신이 리더로 사역하고 있는 팀의 구성원이 필자와 같은 이유를 대면서 팀을 떠나고 싶어 한다면 당신은 어떻게 대처할 것인가요? 특히 다른 팀에서 사역하고 있는 신뢰할 만한 동료가 있다면 당신의 마음을 그와 나누어 봅시다.

그 한 사람
예배자에게

chapter 4
팀 사역의 갈등과 해결

한 팀원이 저에게 앞으로 리더로서 어떻게 팀을 이끌지 물은 적이 있습니다. 저는 이렇게 대답했습니다.

"물론 저도 팀을 위해 고민하면서 나름대로 세운 계획이 있습니다. 하지만 하나님은 이미 여러분 안에 주신 하나님의 꿈 안으로 저를 참여시키셨다고 생각합니다. 비전은 만드는 것이 아니라 **찾아내는 것**이라고 생각합니다."

리더는 자신의 꿈을 이루기 위해 사람들을 끌어 모아서는 안 됩니다. 리더는 자신의 그림이 아닌 하나님의 큰 그림 속으로 부름받은 것입니다. 이미 팀 구석구석에 숨겨져 있던 퍼즐을 찾아내고 하나님이 만드실 큰 그림에 맞추어 가는 것이 리더의 역할입니다.

퍼즐 맞추기

그런데 그 퍼즐 조각을 맞추는 일은 만만치가 않습니다. 네모반듯한 조각이나 둥글둥글 모나지 않은 조각은 거의 없습니다. 울퉁불퉁 서로 잘 들어맞지 않는 조각들이 대부분입니다. 물론 리더도 그 안에 포함되겠지요. 조각 하나만 봐서는 큰 그림이 전혀 그려지지 않습니다. 함께 붙여야 할 조각들이 있고, 아예 멀찌감치 떨어뜨려 놓아야 할 조각들도 있습니다.

하지만 결국 그 모든 조각을 큰 그림에 맞추어 가다 보면 전혀 예상하지 못했던 근사하고 큰 그림이 보이는 희열을 여러분은 경험해 보셨나요? 교회 모임 중 자기 확신과 열정에 가득 찬 사람들이 가장 많이 모이는 곳이 바로 예배 음악 사역 팀입니다. 게다가 음악은 저마다의 취향과 느낌에 따라 각자의 정답이 매우 다양합니다. 그 음악이 맞느냐 틀리냐가 아니라, 내 맘에 드느냐 들지 않느냐가 판단의 중요한 기준이 되기도 합니다. 하지만 각각의 악기가 제아무리 좋은 소리를 가졌다고 해도 자기 소리만 잘 들리게 하려고 무작정 볼륨을 높이기 시작하면 사람들은 결국 귀를 틀어막고 예배당을 뛰쳐나가게 될 것입니다.

음악과 팀 사역은 서로 닮은 점이 많습니다. 음악에 하모니가 중요한 것처럼 팀 사역에는 조화와 균형이 중요합니다. 서로 다른 악기들과 음이 모여 하나의 노래를 완성하는 것처럼, 팀 사역 또한 서로 다른 모습들이 하나로 어우러지는 것이 중요합니다.

나의 팀 사역
성향 파악하기

저는 누군가에게 팀 사역에 대해 설명할 때 이 예화를 자주 사용합니다. 만일 팀이 등산을 한다면 그 팀의 리더는 어디쯤 위치하게 될까요? 여러분도 함께 잠시만 생각해 봅시다.

- 맨 앞에서 앞장서서 팀을 이끌어야 한다.
- 맨 뒤에서 팀원 모두를 지원해야 한다.
- 두세 번째 정도에서 앞과 뒤를 살피고, 전체적인 방향과 속도를 조절하면서 걸어야 한다.

사실 세 가지 모두 정답이 될 수 있습니다. 하나님은 사람마다 지으신 그대로의 강점을 사용하시기 때문에 저마다의 성향에 맞는 방법을 적절히 찾아야 합니다. 일 중심이든 관계 중심이든 저마다의 강점과 약점이 있음을 인정하고 열린 마음으로 서로를 받아들이고 보완해 나가야 합니다.

일 중심 성향을 가진 사람은 확실한 목표치를 가지고 처음부터 사역을 할지 말지부터 정확히 결정하는 성향이 강합니다. 그래서 일단 일을 시작하게 되면 확실한 성과도 이루어 내는 편입니다. 하지만 성과에 대한 확신이 제대로 서지 않으면 일을 아예 시작하지 않는 경우가 많겠죠. 그렇기 때문에 이 사람에 대한 사람들의 평가는 극과 극으로 나누어질 가능성이 큽니다. 이런 성향의 사람이 리더가 된다면 어떤 사람과 일에 대한 호불호가 분명하게 갈릴 가능성이 크고, 앞서 말한 리더의 세 가지 위치 중에서 첫 번째를 선택할 가능성이 높습니다.

관계 중심의 성향을 가진 사람은 '무엇'을 하는가보다 '누구'와 함께하는가가 더 중요합니다. 이 부류의 사람들은 비록 확실한 결과를 장담할 수 없어도 내가 소중히 여기는 누군가와 함께하는 것만으로 미지의 모험을 감행하기도 합니다. 이런 경우 일의 속도보다는 방향과 관계가 중요합니다. 이런 사람이 리더가 될 경우 팀원들은 일의 효율성이나 성과에 대한 답답함을 느낄 가능성이 큽니다. 이런 성향이 아주 강한 분이라면 아마 리더의 세 가지 위치 중에서 두 번째를 선택할 가능성이 높습니다.

마지막 것은 앞의 두 가지와 적절하게 혼합되었다고 볼 수 있는데, 저는 특별히 예배 음악 사역 팀의 경우라면 이 마지막 것을 택하라고 권하고 싶습니다.

현실적으로 대부분의 예배 음악 사역 팀은 소수의 전문인과 다수의 비전문인이 섞여 있는 구조가 많습니다. 예배 음악 사역은 비록 전문적인 음악인이 아니더라도 전문성을 추구하거나 갈망함으로 시작되는 사역이기 때문에 음악에 대한 갈망은 팀 사역에 중요한 요소입니다. 그것으로 인해 발생하는 팀원들 사이의 음악적 우월감과 열등감은 음악 팀 내에서 생기는 문제의 가장 큰 원인이 됩니다.

아무리 전문 음악인들끼리만 모여 있다고 할지라도 서로 이해하고 보듬어 주어야 하는 경우가 반드시 생기게 마련입니다. 전문 음악인과 비전문 음악인 모두를 위한 적절한 동기 부여와 배려는 가장 세심하게 다루어져야 할 부분입니다. 어쩌면 그것이 예배 음악 팀 사역의 기술적인 측면에서 가장 중요한 핵심 포인트라고 할 수 있습니다.

이상적으로는 다들 음악과 영성 둘 다 중요하다고 이야기하지만, 막상 현실을 들여다 보면 대부분의 팀은 이 두 가지 사이의 부조화 속에서 늘 긴장감을 가지고 사역합니다. 그래서 때로는 음악이든 영성이든 자기의 입장에서 내세울 수 있는 주무기로 상대의 약점을 자극하며 공격하기도 합니다.

이럴 경우 사실상 서로의 이견이 좁혀지기란 정말 쉽지 않습니다. 다시 한 번 말씀드리지만, 이런 균형이 완벽하게 잡힌 예배 음악 사역 팀은 아마 이 세상에 존재하지 않을 것입니다. 우리는 불완전한 서로를 인정해야 합니다. 이런 팀 사역의 이해 없이 사역하다 보면 자신만의 정의를 밀어붙이거나 용서를 강요하는 편협한 태도를 취하기 쉽습니다.

그렇게 갈등이 폭발하는 순간, 나의 분노가 과연 정당한 것인지 스스로 돌아볼 수 있는 몇 가지 질문이 있습니다.

- 나는 대답하기 위해 듣고 있는가? 이해하기 위해 듣고 있는가?
- 나는 누군가에게 깊이 이해받고 있다는 사실을 기억하고 있는가?
- 나는 공동체를 위한 패배를 선택할 수 있는가?

팀 사역 가운데 일어나는 치열한 갈등 속에서 스스로에게 던지는 한마디 질문이 우리를 잠시 멈춰 서게 하고 숨을 고르게 해줄 것입니다.

'이 갈등의 끝엔 결국 무엇이 남는 걸까?'

기준과 원칙

팀 사역에는 반드시 **질서**가 필요합니다. 팀 사역에 어떤 공동의 기준과 원칙을 세우는 것은 중요합니다. 특히나 이런 원칙들을 논의하고 세우는 사람에 대한 신뢰도에 따라 그 원칙에 대한 신뢰도가 결정되는 경우도 많습니다. 그 원칙을 실제로 적용하고 그것이 자연스럽게 팀에 녹아들게 하는 것은 시간이 꽤 오래 걸리는 작업입니다. 무엇보다 사람들의 정서 속에 녹아들기 위해 많은 시행착오와 기다림의 과정이 필요합니다. 조금은 불편하고 번거로워도 자세히 반복적으로 설명하고 또 소통해야 합니다. 그리고 사람들의 생각 속에 이 원칙들의 존재를 계속 각인시키고 지혜롭게 잘 적용하면서 사람들의 사역 현장 속으로 잘 스며들도록 하려는 노력이 필요합니다.

여기서 반드시 기억해야 할 것은 이 원칙이 누군가를 벌하고 치리하기 위해서 필요한 것이 아니라는 사실입니다. 팀이 무질서하고 혼란스러워지면 마음속에 그 잣대로 불편한 상황을 빨리 해결하고픈 욕심이 생길 때가 있습니다. 바로 그때 차가운 문서를 들이대는 것이 아니라 먼저 직접 만나고 대화하는 과정을 거쳐야 합니다. 이것은 절대 포기하거나 건너뛰어서는 안 되는 과정입니다. 사람과 사람 사이의 따뜻한 체온 교감이 문서 속에 차갑게 갇히지 않도록 각별히 주의해야 합니다.

어쩌면 우리는 공의로워야 진정한 평화가 임할 것만 같은 불의한 시대에 살고 있는지도 모릅니다. 수많은 사람이 진실이 없는 공허한 사랑에 지쳐 있는지도 모릅니다. 그런 교회를 보며 우리는 심각한 회의에 빠지기도 합니다. 때로는 날이 선 정의가 부드러운 평화를 가져오기도 하고, 차가운 진실이 사랑의 온기를 되찾아 오기도 합니다. 분명 그런 면이 필요할 때가 있습니다.

하지만 그렇다고 해서 나 자신을 늘 절대적인 '선'의 편에 두어서는 안 됩니다. 절대적으로 옳으신 분은 하나님밖에 없습니다. 나는 바르게 판단할 수도, 틀리게 판단할 수도 있습니다. 우리는 2천 년 전이나 지금이나 예수님의 십자가 위에서의 외침처럼 우리가 무슨 짓을 하고 있는지 여전히 잘 모릅니다.

교회 갈등의 현장에서 가장 건강하지 않은 소통 구조는 한쪽으로 기울어진 운동장과 같은 구조입니다. 목회자에게만 기울어져 있거나 성도에게만 기울어져 있는 것은 그리 건강하지 않은 소통 구조라고 할 수 있습니다. 어느 한쪽만 일방적으로 침묵해야만 하는 구조는 소통의 문제를 일으킬 가능성이 다분히 높습니다.

중요한 것은 팀 사역에 소음이 생기는 것 자체는 문제가 아니라는 사실입니다. 그 소음이 어떤 건강한 소통의 구조 안에서 조율되어 가느냐가 그 팀의 건강을 가늠할 수 있는 척도가 됩니다.

잃어버린
한 마리 양

팀 사역에 대해 알아 가면서 새롭게 이해되는 말씀이 있는데 바로 잃어버린 한 마리 양의 비유입니다. 물론 이 말씀은 잃어버린 한 마리 양을 끝까지 찾아 헤매는 목자 되신 예수님의 사랑에 초점이 맞춰져 있습니다. 그런데 만일 목자가 잃어버린 한 마리 양을 찾아 나서지 않았다면 과연 이 이야기는 어떻게 바뀌었을까요? 예를 들어 잃어버린 한 마리 양이 지독한 문제아였다고 생각해 봅시다.

> 양이 우리를 떠난 이후로 잠시 동안 평화가 찾아왔습니다. 특별히 그 양과 관계가 좋지 않았던 양들은 이렇게 이야기했습니다.
> "속이 다 시원하다. 드디어 정의가 이루어졌어. 그 양은 정말 우리와 어울리지 않았어. 물론 나쁜 일이 생기면 안 되겠지만 자기한테 맞는 좋은 목장을 찾아서 잘 지내겠지. 이곳은 훨씬 더 좋은 곳이 될 거야."
> 그렇게 하루가 지나고 이틀이 지났습니다. 그런데 목자가 여전히 그 양을 찾아 나서지 않았습니다. 그때 어떤 양이 조심스럽게 이야기를 꺼냈습니다.
> "음, 물론 그 양이 문제가 있다는 건 인정해. 그렇지만 마냥 나쁜 구석만 있는 건 아니었어. 나름대로 그 양이 그렇게 행동한 이유가 있었을 거야. 솔직히 나는 그 양이 나에게 잘 대해 주었던 게 많아서 마음이 그렇게 편한 것만은 아냐."
> 그러자 다른 양이 거들기 시작했습니다.
> "음, 솔직히 나도 비슷한 생각을 했어. 그 양이 좀 거칠고 실수가 많고 다

른 양들을 불편하게 하긴 했지만, 이곳에 있지 못할 만큼의 큰 문제아는 아니었다고 생각해. 나는 내가 그 양에 비해 솔직히 더 나은 게 있는지는 잘 모르겠어."

한동안 잠잠하던 양 떼 사이에서 웅성거리는 소리가 점점 커져 갔습니다. 그때 다른 양이 말을 꺼냈습니다.

"그런데 솔직히 나는 가장 마음이 상하는 게 있어. 왜 우리 목자는 그 양을 안 찾는 거야? 아무리 그 양이 문제가 많다고 해도 목자라면 그 양을 품고 찾아 나서야 하는 거 아니야? 입장을 바꿔서 우리도 그런 실수를 할 수 있잖아. 그러면 그때 목자는 지금과 같이 우리를 찾지 않는 건 아닐까?"

양 떼는 침묵에 빠지고, 양들의 얼굴은 어두워지기 시작했습니다.

여러분, 이 이야기를 읽으면서 어떤 생각이 들었습니까? 이 이야기는 어쩌면 우리가 사역하고 있는 공동체 안에서 흔히 일어나고 있는 일 아닐까요? 굳이 제가 설명을 덧붙이지 않아도 우리는 이 이야기를 통해 팀 사역에서 한 사람이 왜 중요한지에 대해 많은 생각을 하게 될 것입니다.

하나님 왜
공동체를 만드셨을까?

하나님은 왜 이렇게 말도 많고 탈도 많은 공동체를 만드셨을까요? 한 사람 한 사람이 그냥 개별적으로 예수님을 믿는다면 지금처럼 우리 때문에 하나님도 욕을 안 먹고 우리는 각자 먹을 욕만 먹을 텐데 말입니다.

하지만 우리에게는 공동체가 필요한 이유가 분명히 있습니다. 성령께서는 이런 불완전한 공동체를 통해서 우리 삶에 열매를 맺어 가십니다. 미움 속에서 사랑을, 분노 속에서 온유를, 게으름 속에서 충성을, 냉혹함 속에서 자비를 우리 안에 빚어 가십니다. 그래서 결국 하나님의 형상을 닮은 자녀로 완성해 가십니다. 그렇게 우리는 그리스도를 머리로 하는 한 몸 된 공동체로 세워져 가고, 결국 아름다운 주님의 신부로 주님 오실 날을 예비하게 되는 것입니다. 그것이 바로 하나님이 우리를 한 몸으로 부르신 궁극적인 이유입니다.

팀의 건강도를 가늠할 수 있는 중요한 척도는 그 팀이 '십자가 정신으로 다스려지고 있는가?'입니다. 십자가 정신이란 우리 모두가 죄인이라는 것과 그분의 공의만이 우리를 구원하신다는 것입니다. 그리고 서로의 발을 씻겨 주는 것입니다. 또한 희생과 용서, 사랑의 정신입니다. 우리가 십자가 앞에 함께 무릎을 꿇을 수 있을 때, 그때서야 우리는 진정 하나가 되어 하나의 방향을 향해 나아갈 수 있습니다.

실습 및 적용

❶ 만일 등산을 한다면 리더가 어디쯤 위치해야 하는지에 대해 당신의 답을 팀원들과 나누어 보고 그 이유에 대해 설명해 보세요.

❷ 나의 성향은 일 중심 성향과 관계 중심 성향 중 어떤 것에 해당되는지 서로 나누어 봅시다.

❸ 지금 당신이 속해 있는 팀은 어떤 기준과 원칙이 필요한지 나누어 봅시다. 그리고 기다림과 인내가 필요한 부분도 서로 나누어 봅시다.

❹ 당신은 잃어버린 한 마리 양의 이야기를 읽고 어떤 느낌이 들었나요? 혹시 비슷한 경험이 있다면 팀원들과 함께 나누어 봅시다.

그 한사람
예배자에게

CCM 그룹 소망의 바다로 여러 교회를 누빌 때 저희에게는 꽤 다양한 콘티가 있었습니다. 그것들을 상황과 대상에 맞게 얼마나 잘 활용하고, 짧은 시간 안에 현장의 반응을 얼마나 잘 끌어내는가에 따라 사역자는 그 현장으로 다시 부름받을 수 있을지의 여부가 결정되기도 합니다.

그래서 저는 교회에서 처음 사역을 시작할 때 그간 CCM 사역을 하면서 현장에서 나름 좋은 반응을 얻은 콘티들을 열심히 쏟아 부었습니다. 마치 외부 집회를 하듯이 선별된 콘티들을 총동원하였습니다. 그런 시도가 처음에는 성도들에게 신선하게 느껴졌겠지만, 시간이 지나면서 저와 저의 레퍼토리에 익숙해지기 시작했습니다. 결국 저는 외부에서 특별히 초청되어 온 가수가 아니라 가족과 같은 존재가 되어 가고 있었습니다.

자연스레 저는 성도들 앞에서의 과도한 퍼포먼스가 점점 불편해지기 시작했습니다. 그 후에는 찬양 인도에 군더더기가 조금씩 빠지기 시작했습니다. 자극적인 몸짓과 멘트를 줄이고 조금은 덤덤하고 담백한 메시지의 곡들을 선곡하기 시작했습니다. 확실히 대부분의 성도는 누군가가 부르는 좋은 찬양을 듣는 것보다는 본인들이 직접 부르는 것을 훨씬 좋아했습니다. 그래서 성도들은 잘 모르는 새로운 곡에 어느 정도 보수적일 수 있다는 것을 유의하며 콘티를 작성하게 되었습니다.

콘티 작성의 가치

콘티를 만드는 일은 마치 **식사를 준비하는 일**과도 같습니다. 우리는 매 끼 반복해서 섭취해야 하는 음식을 선택할 때, 보통 입엔 조금 심심하더라도 몸에 좋은 음식을 선택합니다. 입맛을 자극하지만 몸에는 좋지 않은 음식을 매끼 먹는 것은 건강을 해하는 일이기 때문입니다. 그렇다고 해서 매끼 심심한 음식물만 섭취하는 것은 일상의 활력을 앗아가거나 식탁을 자칫 무미건조하게 만들 수도 있습니다.

콘티를 작성할 때 찬양 인도자는 바로 이 점을 기억해야 합니다. 메시지가 정확하고 효과적으로 전달되기 위해 익숙한 곡과 새로운 곡, 어려운 곡과 쉬운 곡, 느린 곡과 빠른 곡, 분위기가 무거운 곡과 밝은 곡을 잘 버무리는 것이 중요합니다. 또한 곡 수, 순서와 시간, 노래와 노래 사이를 잇는 것과 끊는 타이밍, 곡과 곡 사이 기도와 멘트를 균형 있게 배치하는 것은 콘티 작성에 있어 중요한 요소입니다.

콘티는 또 하나의 **설교**입니다. 예배의 메시지는 설교에서만 드러나는 것이 아닙니다. 시작부터 끝까지 하나의 일관된 주제 메시지가 예배의 모든 순서마다 배어 있어야 합니다. 설교만이 설교가 아니라 모든 예배의 순서가 **말씀**을 담은 또 하나의 **설교**여야 합니다.

오늘날 예배 속의 찬양은 예배 전체를 열고 닫는 대표적인 예전 의식이라고 볼 수 있습니다. 그렇기 때문에 콘티 작성은 찬양 인도자 한 명에게만 국한된 책임이 아닙니다. 예배 전체를 기획하는 담당자들이 함께 의견을 나누면서 예배 전체의 조화를 치열하게 고민해야 합니다. 입례와 회중 기도, 고백, 헌금, 설교, 광고, 교제와 나눔, 축도와 마무리까지 음악은 거의 대부분의 예배 의식 속에 사용됩니다. 그리고 무대와 조명과 음향도 현대 예배에서 중요한 예전 의식이 되었습니다. 그렇기 때문에 예배 전체의 메시지가 음악에만 함몰되지 않고 전체적인 메시지를 드러내는 데 제 역할을 하도록 주의해야 합니다.

곡 분류

찬송가 차례 페이지를 보면 우리가 쉽게 지나쳐 버리는 중요한 정보가 있는데요. 바로 제목 분류와 차례 목록입니다. 주제별로 찬송가들을 분류해 놓고 가나다 순으로 제목을 나열해 놓은 목록은 우리가 콘티를 선곡할 때 활용할 수 있는 최고의 자료입니다. 요즘 나오는 찬양 악보집은 여기에 코드별 분류를 추가하여 훨씬 수월하게 콘티를 작성할 수 있도록 정리되어 있습니다. 수많은 찬양의 홍수 속에서 나와 우리 교회에 맞는 고유한 목차가 존재해야 하는 것은 어쩌면 당연한 일일 것입니다.

저는 저만의 주제별 분류 폴더를 이렇게 가지고 있습니다.

찬양 팀이 1년에 보통 몇 곡을 사용하는지 얼추 계산해 볼까요? 예를 들어 주일에 4-5곡 정도를 사용한다고 가정해 봅시다. 중복되는 찬양까지 감안하면 1년에 평균 100여 곡 정도를 사용할 수 있습니다. 여기에 회중의 나이나 문화적인 취향을 감안한다면, 새로운 곡에 대해 수용적인 경우 곡 수는 늘어날 것이고, 반대로 부정적인 경우 곡 수는 훨씬 줄어들 것입니다. 여기서 한 걸음 더 나아가 추가로 각각의 폴더 안에 '코드', '빠르기'별로 분류가 가능하다면 선곡은 훨씬 더 세밀해지고 수월해질 것입니다. 예를 들어 '예배와 찬양' 폴더 → '느린 노래' 폴더 → 'A코드' 폴더 → '〈전능하신 나의 주 하나님은〉, 〈주 여호와는 광대하시도다〉'의 순으로 찾기를 진행할 수 있겠지요. 이렇게 하면 더할 나위 없이 편리할 것입니다.

사실 곡 수가 100곡 정도라면 지나치게 세밀한 곡 분류는 필요 없을 수도 있습니다. 하지만 자신만의 곡 분류 폴더를 가지고 있다면 자신과 자신이 속한 공동체가 주로 어떤 메시지의 찬양을 선곡하는지 더 정확하게 파악할 수 있습니다. 또한 부족한 메시지는 무엇인지, 혹시 어느 한쪽으로만 메시지가 지나치게 치우쳐 있지는 않은지 돌아보는 기회가 될 것입니다.

예배별 분류도 생각해 볼 수 있는데요. 주일 오전과 오후 예배, 수요 예배, 금요 철야, 새벽 예배 등이 서로 겹치지는 않지만 상호 보완할 수 있도록 선곡에 많은 도움을 줄 것입니다. 교회 절기에 따른 분류도 콘티 작성에 중요한 요소입니다. 대표적인 교회 절기는 성탄절, 부활절, 고난 주간, 추수감사절, 어린이 주일, 어버이 주일, 스승의 주일, 종교 개혁 주일 등이 있습니다. 이 경우 가장 우선적으로 예배의 설교자가 절기에 맞는 설교를 할 것인지 원래 진행하던 성경 본문을 토대로 강해 설교를 할 것인지를 확인한 후 선곡을 해야 합니다. 교회 절기와 강해 설교의 주제, 이 두 가지를 적절히 혼합하는 것도 좋지만 한편으로는 그 연결이 너무 억지스럽거나

무리수가 되지 않도록 주의해야 합니다.

그리고 마지막으로 찬송가 코드를 정리한 악보가 있다면 그야말로 금상첨화라고 할 수 있습니다. 기존 찬송가의 코드를 그대로 연주할 경우 현대적인 밴드 음악에 제대로 맞지 않는 경우가 많습니다. 그래서 자주 부르는 찬송가를 밴드 음악에 맞춰 코드를 편곡하고 악보화하는 작업은 굉장히 유익할 것입니다.

선 곡

이제 선곡에 대해 알아볼 텐데요. 여러 곡을 엮어서 하나의 레퍼토리를 만들 때 필요한 두 가지 방향에 대해 알아보려고 합니다.

1) 원 포인트 메시지 one-point message

원 포인트 메시지는 예배 음악을 위한 콘티 작성 시 가장 기본적인 방향입니다. 콘티를 통해 부각하고자 하는 하나의 핵심 메시지는 가사의 직접적인 반복을 통해 강조되거나 더욱 선명하게 표현될 수 있습니다.

예를 들어 '예수님의 고난과 부활'이라는 주제를 가지고 콘티를 작성해 봅시다. 만일 찬양 시간이 20분 정도라면 짧은 나눔과 기도 시간을 포함해서 보통 3곡 정도 선곡하게 됩니다. 주제의 분위기에 곡의 빠르기를 맞춘다면, '고난'의 경우 보통은 중간 정도 빠르기의 한 곡과 느린 두 곡이 적절합니다. 그리고 '부활'의 경우 빠른 두 곡과 느린 두 곡 정도가 일반적인 연결이 될 수 있겠죠.

또한 만일 고난과 부활을 성금요일에 동시에 담고 싶다면, 고난에 대한 느린 찬양 두 곡, 부활의 메시지가 담긴 결단의 노래 한 곡이 정도가 좋습니다. 구체적인 예를 들면, 고난을 통해 십자가의 의미로 시선을 모으고 싶을 때 이렇게 선곡해 보면 어떨까요?

> 모든 능력과 모든 권세 (A)　—　우리 때문에 (A)　—　무엇이 변치 않아 (Bb)

2) '나' 메시지 I-message

하나의 핵심 주제를 드러내는 방법에는 **반복**이나 **대조**를 통해 이야기를 강조하는 방법이 있습니다. 추가로 그 이야기를 제3자가 아닌 1인칭 **'나'**를 통과시킴으로써 메시지의 넓이와 높이가 더해질 수 있습니다.

그럼 예수님의 고난 이야기로 다시 예를 들어 봅시다. 콘티의 첫 번째 곡인 〈모든 능력과 모든 권세〉(A)라는 찬양의 가사를 살펴봅시다.

모든 능력과 모든 권세 Above all
(작사, 작곡: Lenny Leblanc & Paul Baloche)

모든 능력과 모든 권세
모든 것 위에 뛰어나신 이름
세상이 측량할 수 없는 지혜로
모든 만물 창조하셨네

모든 나라와 모든 보좌
이 세상 모든 경이로움보다
이 세상 모든 값진 보물보다
더욱 귀하신 나의 주님
십자가 고통당하사
버림받고 외면당하셨네
짓밟힌 장미꽃처럼
나를 위해 죽으셨네

나의 주

모든 능력과 모든 권세를 가지신 예수님이 짓밟힌 장미꽃처럼 고통을 당하시고 십자가에서 죽으셨다는 강렬한 대조가 후렴에 등장합니다. 그리고 이 대조를 더욱 강화하기 위해 두 번째 곡인 〈우리 때문에〉의 후렴을 바로 이어 부르며 '십자가'에서 '나'와 '우리'로 시선을 급격히 **반전**시킵니다. 십자가에서 못 박힌 그리스도에서 '우리'에게로 이야기의 중심을 옮깁니다.

그렇다면 그 이야기는 더 이상 제3자인 '그'의 이야기He-message가 아니라 당사자인 **'나'의 이야기**I-message가 되어 그 사건에 대한 의미가 더 풍성하게 우리 안에 해석될 것입니다. '나' 메시지I-message의 방향은 하나의 사실을 그저 객관적으로 서술하는 데 그치는 것이 아니라 찬양에 참여하는 개개인이 이야기의 당사자로 스스로 들어가는 구체성을 가져다줍니다.

사실 콘티 작성에 특정한 해답이 있는 것은 아닙니다. 심지어 한 곡만 몇 십분 계속 반복해서 부를 수도 있습니다. 콘티 작성은 찬양 속에 하나님의 이야기를 담는 것이기 때문에 하나님은 콘티를 넘어 일하실 수도 있는 분이라는 사실을 늘 기억해야 합니다.

완벽한 콘티가 사람들을 은혜로 인도하는 좋은 통로가 될 때도 있습니다. 반대로 정성스럽게 준비한 콘티를 망쳐 버렸지만 그 속에서도 여전히 하나님의 일하심을 경험하기도 합니다. 콘티 작성을 위한 최선의 노력은 우리의 힘으로 하나님의 일하심을 유도해 낼 수 있으리라는 교만함이 아니라 하나님의 이야기가 온전히 드러나기 위해 준비되어야 할 겸손의 통로가 되어야 할 것입니다.

실습 및 적용

❶ 콘티를 작성하는 리더들은 현재 자신이 가지고 있는 곡 목록들을 찬송가 맨 앞에 있는 색인을 참고하여 비슷한 방식으로 분류, 정리해서 폴더를 만들어 봅시다.

❷ 콘티 폴더를 토대로 하나의 주제를 가지고 30분짜리 콘티를 작성해 봅시다. 그리고 그 콘티를 팀원들에게 설명해 봅시다.

❸ 찬송가와 현대 예배 음악을 연결하는 훈련을 해봅시다. 이것은 예배 시에 더욱 많은 회중으로 하여금 익숙함과 새로움을 동시에 경험하게 하는 통로가 될 것입니다. 같은 코드와 빠르기, 주제로 자연스럽게 연결되는 자신만의 레퍼토리를 만들어 봅시다.

그 한사람
예배자에게

chapter 6
글로 배우는
겁 없는 앙상블(1)

지금까지 이 책에서 다룬 내용들은 글로 표현해도 무방한 것이 많았습니다. 하지만 실제 연주에 대한 내용을 직접 듣거나 보지 않고 글로만 설명한다는 것 자체가 쉽지만은 않습니다. 그렇기 때문에 이번 내용은 최대한 글로 잘 풀어 설명해 보되, 여러분의 보다 쉬운 이해를 위해 책에 나오는 실기 연습 영상을 별도로 제작하여 유튜브[1]로 제공해 드리려고 합니다.

앞서 말씀드렸지만, 이 책에서 다루는 음악적인 내용들은 개척 교회나 선교지에서 예배 음악 사역을 전체적으로 세팅해야 하는 분들의 현실적인 수준과 필요를 고려하였음을 다시 한 번 환기시켜드립니다.

[1] www.youtube.com/user/jyh1321(전영훈의 페이지터너) 에서 다양한 영상을 볼 수 있다.

음악은
조화입니다

예배 음악 팀의 음악적 수준을 판단하는 기준은 개개인의 음악적 실력도 중요하지만 무엇보다도 전체의 소리가 얼마나 조화롭게 들리는가가 중요합니다. 이것을 전문적인 음악 용어로 **'앙상블'** Ensemble 이라고 말합니다. 물론 기본적으로는 꾸준하고 장기적인 훈련 계획을 수립한 후에 팀의 역량을 발전시켜 나가는 것이 가장 좋은 방법이겠지만, 지역 교회 예배 음악 사역 팀의 현실적인 상황을 고려해 보면 한 사람 한 사람의 개인적인 역량을 당장 짧은 기간 안에 발전시키기란 쉽지 않을 수도 있습니다.

그런 면에서 앙상블은 팀의 음악적 수준을 짧은 시간 안에 어느 정도 효과적으로 개선시킬 수 있는 좋은 방법이 되기도 합니다.

악기의
이해

앙상블을 잘 이해하기 위해서는 우선 각각의 악기가 가지고 있는 역할을 정확히 이해해야 합니다. 그래야 전체가 함께 연주할 때 각자의 특성과 역할에 맞는 연주를 진행할 수 있습니다.

대체로 앙상블 연습은 다음과 같은 순서로 진행할 수 있습니다. 1) 먼저 함께 연주할 곡을 선정하고, 2) 곡의 특징에 맞는 악기를 편성한 후에, 3) 곡에 대한 레퍼런스reference 음악(연주할 곡과 비슷해서 여러 가지를 참고할 수 있는 다른 샘플) 듣기, 4) 합주 연습 전 각 파트에 대한 개별적인 역할 이해와 훈련, 5) 함께 모여 연주하며 서로에 대한 피드백과 조율, 6) 마무리로 진행할 수 있습니다.

무엇보다 **귀**를 훈련하는 것은 음악을 하는 데 가장 중요한 훈련입니다. 마치 입맛이 좋은 사람이 음식을 만드는 손맛이 좋을 확률이 높은 것처럼 음악을 잘 **듣는** 사람이 음악을 잘할 확률이 높습니다. 좋은 음악을 만들기 위해서는 좋은 음악을 많이 들어야 합니다. 좋은 스피커와 사운드 시스템이 있으면 더욱 좋습니다. 듣는 훈련을 통해 우리는 자기의 소리만 높여서는 좋은 음악이 불가능하다는 사실을 깨닫게 됩니다. 서로의 소리에 귀를 기울이다 보면 자연스레 서로의 자리와 크기와 세기를 조절하게 됩니다. 그렇게 다른 악기들과의 조화를 생각하면서 연주하다 보면 아름다운 하모니가 완성됩니다.

앙상블은 팀 사역과도 많이 닮아 있습니다. 음악 팀은 음악적인 요소뿐만 아니라 음악 외적으로도 서로 잘 어우러져야 합니다. 결국은 음악의 외적인 요소는 음악의 내적인 요소로 이어지기 때문에 앙상블은 그 팀의 음악 외적인 요소 대해서도 많은 것을 알게 해주는 거울이 됩니다.

1) 악기의 역할

현대적인 음악을 구성하는 대표적인 두 가지 요소는 **리듬**Rhythm과 **화성**Harmony입니다. 고전적인 음악과 현대적인 음악의 가장 큰 차이는 바로 **리듬**입니다. 현대적인 음악에서 리듬 파트의 연주력은 매우 중요합니다. 사실 대중음악 형식이 교회 음악에도 사용되는 것에 대해 여전히 비판이 있는데요. 가장 큰 이유는 음악 형식 자체에 대한 낯설음이나 불편함보다는 연주자가 그 음악 장르를 좀 더 능숙하게 연주하지 못하기 때문이 아닐까 생각해 봅니다.

특히 리듬 악기의 경우 연주자의 연주력 부족과 볼륨 조절 실패로 회중들에게 불편함을 주는 경우가 많습니다. 앙상블을 잘 이해하고 연주자가 자신의 역할에 맞게 연주할 수 있다면, 현대적인 음악 스타일에 대한 반감도 훨씬 줄어들 것입니다.

악기의 구분은 크게 리듬 악기와 화성 악기로 구분할 수 있습니다. 악기 중에는 리듬과 화성 어느 하나에 속하기보다는 베이스처럼 리듬과 화성, 이 두 가지 역할을 동시에 하는 악기도 있습니다.

2) 리듬 악기

· 드럼 Drums

드럼은 집으로 비유하면 기초 바닥과 철골 구조의 역할을 하는 악기입니다. 현대 음악의 장르는 리듬에 의해 락, 재즈, 힙합, 리듬 앤드 블루스R&B 등으로 나누어집니다. 특히 드럼은 전적으로 리듬 파트를 담당하는데요, 악기의 구성은 베이스bass, 스네어snare, 탐tom 등 크고 작은 통 모양의 드럼들과 하이해츠hi-hats, 라이드ride, 크래쉬crash 등의 심벌들cymbals로 이루어져 있습니다. 그래서 보통 드럼의 풀 세트를 영어로 쓸 때는 단수형이 아니라 'drums'라는 복수형으로 표현합니다.

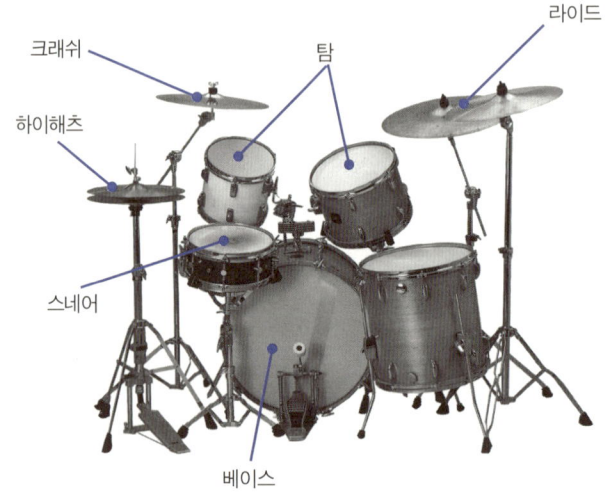

· 카혼 Cajon

카혼은 교회에 드럼이 없을 때 드럼을 대신해 많이 사용하는 리듬 악기입니다. 경제적인 이유도 있겠지만 작은 공간이라서 드럼을 사용하는 것이 어려울 때나 베이스, 일렉트릭 기타 등이 구성되지 않았을 때 건반과 기타와 함께 앙상블을 이룰 수 있는 유

카혼

용한 악기입니다. 카혼은 작은 공간 안에서 리듬 전체의 효과를 낼 수 있고, 특히 휴대성과 이동성이 좋은 악기입니다.

특별히 거리에서 공연을 하거나 일상의 공간에서 연주할 경우 드럼보다 훨씬 폭넓게 사용되고 있습니다. 대형 교회를 제외하고 전반적인 한국 교회 예배의 외적인 규모가 점점 소형화되고 있는 현실을 감안하면 카혼의 활약은 앞으로 더욱 두드러질 것으로 보입니다.

3) 리듬 & 화성 악기

· **베이스 기타** Bass Guitars

베이스 기타는 드럼과 함께 음악의 큰 틀을 만들고, 동시에 화성의 역할을 담당합니다. 그래서 밴드 앙상블에서 베이스의 역할은 매우 중요합니다. 안타까운 것은 건반이나 기타처럼 연주자가 혼자 연주할 수 있는 기회가 많지 않고, 가르칠 수 있는 악기의 저변이 그리 넓지 않기 때문에 연주자들 사이에서는 베이스를 일명 "금베이스"라고 부르기도 합니다. 유명한 작곡가나 음악가 중에 베이스 기타 연주자 출신이 많은 것을 보면 베이스의 역할은 밴드 음악에서 무척 중요하다는 것을 알 수 있습니다.

베이스 기타

· **어쿠스틱 기타** Acoustic Guitars / **일렉트릭 기타** Electric Guitars

일반적으로 중소형 규모의 교회에서는 예배 음악 사역 팀의 인원이 많지 않기 때문에 건반과 기타로만 연주하는 경우가 많습니다. 특별히 기타의 경우 인도자가 직접 연주하면서 인도할 수 있기 때문에, 여러 가지 환경적인 요소

어쿠스틱 기타

에 상관없이 사용할 수 있는 효과적인 악기입니다.

　기타 또한 리듬과 화성 두 가지를 함께 담당할 수 있는데요. 전체 사운드가 큰 규모인 경우에는 화성적인 역할을 좀 더 맡고, 작은 규모인 경우에는 리듬의 역할을 맡을 때도 있습니다.

　시대가 바뀌면서 음악의 흐름이 바뀌는 것은 어쩌면 자연스러운 현상일 것입니다. 하지만 화성과 멜로디가 주류를 이루었던 20세기 예배 음악의 중심 악기가 건반이었다면, 리듬이 더 중요시되는 21세기 예배 음악의 중심 악기는 어쩌면 기타로 변하고 있다고 해도 과언이 아닐 정도로 그 역할과 가치가 점점 더 높아지고 있습니다.

일렉트릭 기타

· 건반 Keyboards

건반은 오랜 시간 동안 교회 음악의 중심 악기로 사용되어 왔습니다. 특히 아래 사진인 신시사이저 Synthesizer는 20세기 중반 이후에 등장한 뒤로 교회 음악 역사의 중심을 이끌어 왔다고 해도 과언이 아닙니다.

신시사이저

건반은 경우에 따라 베이스처럼 리듬과 화성 악기의 역할을 모두 해낼 수 있습니다. 때로는 시퀀싱[2]Sequencing Program 혹은 미디[3]MIDI 프로그램을 통해 오케스트라처럼 웅장하고 풍성한 느낌을 낼 수도 있습니다. 건반은 예배 때 주로 메인 악기로 사용되고 있으며, 메인 건반 연주자는 예배 인도자와 긴밀한 소통을 하면서 섬기는 중요한 역할을 하게 됩니다.

---

2 시퀀싱은 신시사이저 안에 내장되어 있는 여러 악기를 동시에 녹음하여 음악을 만드는 프로그램이다.
3 미디는 컴퓨터 안에 내장된 소리들 혹은 외부에 있는 소리를 연결하여 컴퓨터로 음악을 만들 수 있는 소프트웨어 프로그램이다.

음역대의
이해

1) 이퀄라이저 Equalizer에 대한 이해

음악을 제대로 이해하기 위해서는 먼저 소리의 특징에 대해 잘 이해해야 합니다. 보통 음의 높낮이 차이는 특별한 설명 없이 듣는 것만으로도 이해가 가능하지만 하나의 음이 가지는 소리 자체의 색깔(밝음, 어두움, 먹먹함, 딱딱함 등)을 좌우하는 주파수대별 특징은 이해하기 어려운 경우가 있습니다. 여기서 **주파수**란 소리 진동(소리는 공기의 진동으로 발생함)의 반복에 따라 한 음 안에 여러 음역대의 소리가 생기는 현상을 말합니다.

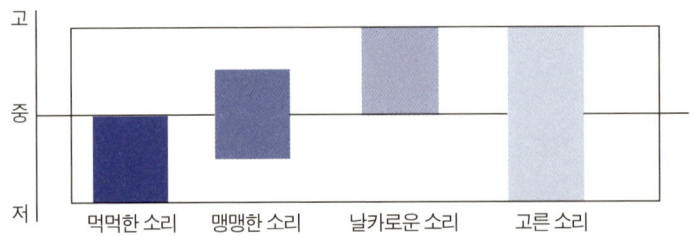

예를 들면 위의 그래프처럼 '도'라는 하나의 음 안에 진동수에 따라 고, 중, 저음역대가 형성되는 것을 말하는데요. 그 주파수대의 변화에 따라 소리가 날카롭게 들리기도 하고, 맹맹하게, 혹은 먹먹하게 들리기도 합니다. 바로 이것을 조절하는 역할을 하는 장치가 **이퀄라이저**Equalizer입니다. 주파수 대역이 적절하게 조절되어야 특히 합주 앙상블을 연주할 때 시끄럽지 않고 조화로운 소리가 들립니다.

아마 아래 사진을 보시면 과거의 아련한 기억이 떠오르는 분들이 있을 지도 모릅니다. 커다란 오디오 시스템의 한 칸을 떡 하니 차지하고 있지만 도대체 그 용도가 뭔지 도무지 알 수 없었던 정체불명의 기계가 떠오르시 나요?

초등학교 시절 저희 집에 처음으로 오디오 시스템이 들어왔습니다. 부모님이 오디오 설치 기사 아저씨에게 이퀄라이저를 가리키시면서 "이건 뭐예요?"라고 물으셨을 때, "아, 이건 그냥 갈매기 모양으로 해놓으시면 돼요"라고 답하셨던 게 기억납니다.

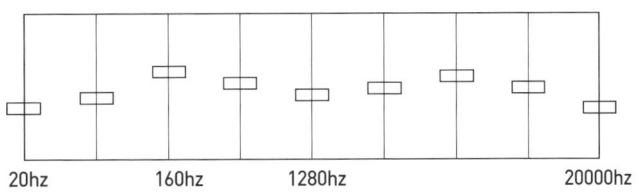

설치 기사 아저씨의 말을 좀 더 전문적으로 풀어 보면, 왼쪽과 오른쪽 맨 끝은 살짝 올려 주고 가운데를 살짝 내리는 것인데요. 실제로 음의 고역대와 저역대를 살짝 올리고 중역대를 살짝 내리면 주로 단단하고 공격적인 역할을 담당하는 중역대의 볼륨이 작아집니다. 그래서 고음역대의 시원함과 저음역대의 풍성함의 효과를 더 높일 수 있지요. 설치 기사 아저씨는 이토록 복잡한 음악 이론을 갈매기라는 한 단어로 놀랍게 표현하신 것입니다!

기계에 따라 조절할 수 있는 음역대의 폭이 다르지만 기본적으로 주파수 대역은 인간이 들을 수 있는 가청 주파수대(그 이상이 되거나 이하가 되면 우리 귀로는 들을 수 없는 부분을 제외한 음역대)에서 가장 낮은 음역인 20hz[4]에서 가장 높은 음역인 20khz까지를 기준으로 합니다.

이퀄라이저를 볼 때 가장 왼쪽인 20-160hz대를 저역대, 가운데 부분인 160-1280hz대를 중역대, 그리고 오른쪽 부분인 1280-20480hz대를 고역대로 구분합니다.

2) 악기별 대역

악기별 대역을 잘 이해하기 위해서는 악기의 특성에 따라 각각 담당하는 음역대가 서로 다르다는 사실을 이해해야 합니다. 소리가 한 음역대에만 뭉쳐 있지 않고, 서로의 음역대를 피해 조화롭게 잘 버무려진 소리를 만드는 것이 중요합니다. 다음 그림을 볼까요?

---

[4] hz는 헤르츠라고 읽는다. 소리는 공기를 진동하면서 생기는데, 그때 1초 동안 진동하는 회전수를 말한다.

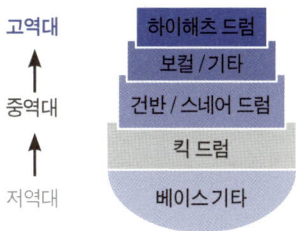

케이크처럼 생긴 이 그림은 각 악기의 음역대를 이해하기 쉽게 표현한 것입니다.

· 드럼(베이스, 스네어, 하이해츠)/베이스 기타
우선 드럼은 저역대에서 고역대까지 전반적으로 전 음역대를 커버합니다. 그래서 연주의 완성도에 따라 그만큼 전체 소리에 치명적인 영향력을 발휘하는 악기이기도 합니다.

특별히 드럼에서 베이스 드럼은 베이스 기타와 함께 저음역대를 구성합니다. 베이스 드럼은 알맹이가 있는 단단한 소리로 저음역대에 리듬의 기둥을 세워 주고, 베이스 기타가 거의 같은 음역대에서 베이스 드럼과 함께 연주하면서 그 소리를 부드럽게 품어 줍니다. 베이스 기타와 베이스 드럼은 같은 리듬으로 연주하는 것이 일반적인 연주 상식입니다.

스네어 드럼은 중역대에서, 하이해츠 드럼과 심벌은 고역대에서 각각의 역할을 담당합니다. 베이스 기타는 특히 리듬 파트와 화음 파트 모두를 아우르는 역할을 합니다. 베이스 기타가 빠진 밴드 앙상블은 마치 뼈대가 제대로 세워지지 않은 집과도 같습니다.

특히 팀원 중에 연주뿐만 아니라 음악을 전체적으로 조화롭게 만드는 소질이 있는 사람을 키우고 싶다면, 단순히 자신의 파트 연주에만 집중하는 것 아니라 음악 전체를 생각할 수 있는 디렉터가 되도록 훈련시키는 것이 좋습니다.

· 건반

건반은 악기 중에 가장 넓은 대역을 소화합니다. 중저역대부터 고역대까지 거의 모든 대역에 골고루 분포하고 있다고 해도 과언이 아닙니다. 드럼과 베이스가 크게 감싸 쥐고 있는 틀 안을 채워 주는 역할이라고 생각하면 됩니다.

특히 밴드가 전체적으로 갖춰졌을 때 앙상블을 위한 건반 연주법은 무척 중요합니다. 다른 악기의 음역대를 침범하게 되면 자칫 전체적인 소리의 균형을 깨뜨릴 수 있습니다. 그래서 가능한 한 중역대 부근에서 연주될 수 있도록 신경을 써야 합니다. 가능한 한 가온 '다'에서 아래위로 한 옥타브 정도의 넓이만큼씩 연주하고, 평소에 다른 악기 없이 건반 하나로 리듬과 화성의 역할을 담당하는 데 익숙한 연주자인 경우에는 리듬 악기의 역할과 겹치지 않도록 리듬을 단순화하고 화성의 역할에만 주로 집중하여 코드 중심으로 연주하면 좋습니다.

건반 연주자가 오른손으로 멜로디를 연주할 때는 보컬의 멜로디 라인과 겹치지 않도록 연주해야 합니다. 건반 솔로로 멜로디를 연주할 경우에는 찬양을 잘 모르는 성도들을 위해 보컬 멜로디를 연주하던 것이 습관이 되지 않도록 주의해야 합니다.

· **기타, 스트링(세컨드 건반)**

 기타와 스트링은 밴드의 악기들 중에서 가장 높은 쪽 음역대에 속하는 중, 고역대를 담당합니다. 기타와 스트링은 보컬과 유사한 톤을 가지고 있기 때문에 연주할 때 보컬과 부딪히지 않도록 특별히 주의해야 합니다. 그리고 기도회를 할 때 연주로만 계속 이어지는 경우가 있습니다. 그때는 솔로 연주가 너무 튀지 않게 연주하는 훈련이 필요합니다. 솔로 연주의 경우 계속 비슷한 음역대만 연주하다 보면 듣는 이들로 하여금 피로감을 느낄 수 있기 때문에 기타와 스트링 사이에 역할 분담이 필요합니다. 기도 시간이 길어질 경우 후렴 횟수를 미리 정해 솔로 역할을 서로 주고받는 것이 좋습니다. 기도회의 분위기에 따라 힘차게 기도해야 할 때는 고음역대의 멜로디를 연주하고, 잠잠히 기도할 때는 저음역대의 멜로디를 연주하는 것이 좋습니다.

 일반적으로 기타는 건반보다 조금 더 음역대가 높은 곳에서 주로 연주되며, 중역대를 강하게 만들어 노래를 리듬감 있고 단단하게 꾸며 주는 역할을 감당합니다. 어쿠스틱 기타의 경우 건반과 거의 비슷한 음역대에서 연주합니다.

3) 악기 편성에 따른 음역대별 분류 및 연주 패턴

위의 설명을 한눈에 볼 수 있도록 악기 편성에 따른 음역대별 분류 및 연주 패턴을 표로 만들어 보았습니다. 여기에서는 4분의 4박자 곡 패턴을 예로 들어 설명하겠습니다.

 다음 표를 보시기 전에 우선 여러분이 좋아하는 4분의 4박자 음악 하나를 먼저 고르세요. 그리고 음악을 들으시면서 표의 가장 아래 베이스 기타부터 한 개의 악기에만 집중하여 반복적으로 듣는 연습을 모든 악기별로 진행합니다. 베이스 기타부터 하이해츠 드럼까지 천천히 고역대 악기 쪽으로 옮겨 가시면서 반복 연습하다 보면 음역대별 소리마다 차이를 조금씩 느끼기 시작할 것입니다. 처음에는 쉽지 않지만 계속 꾸준히 이 훈련을 하다 보면 자신도 모르는 사이 소리에 대한 이해가 깊어졌다는 사실에 놀라게 될 겁니다. 다음 표는 여러분들의 청음聽音 훈련에 많은 도움이 될 것입니다.

이런 방식의 청음 훈련은 클래식 음악에서 오케스트라 청음 훈련에도 쓰이는데요. 여러 악기가 뒤섞인 소리 가운데 하나를 선택해서 반복, 집중하여 듣는 것은 밴드 앙상블에서도 동일하게 유용한 훈련 방식이 될 수 있습니다.

악기 편성은 크게 두 가지로 나누어 보았는데요. 첫 번째로 건반, 기타, 드럼, 베이스로 이뤄진 **풀 밴드**Full Band이고, 두 번째로 기타, 건반, 카혼으로 구성된 **어쿠스틱 밴드**Acoustic Band입니다.

표의 가장 왼쪽에는 저, 중, 고역대별로 같은 음역대에 속한 악기들을 따로 묶어 두었습니다. 물론 표처럼 악기별로 정확하게 음역대가 나눠지지는 않지만, 여러분의 이해를 돕기 위해 편의상 구분해 놓았습니다.

참고로 **한 칸**을 **한 마디**로 생각하시면 됩니다. 각자의 악기가 연주되는 **박자의 자리**에 악기별로 다른 모양의 표시를 해놓았습니다. 초보자들의 이해를 돕기 위해 각 악기의 소리 특성이나 연주 스타일을 최대한 모양으로 표현해 보려고 노력했습니다.

악기 편성 1
건반, 기타, 드럼, 베이스 - 풀 밴드(Full Band)

pattern1

참고로 건반과 기타는 스트로크(Stroke: 여러 개의 음을 동시에 연주하는 방식 - ⇑표시〈올려치기〉⇓표시〈내려치기〉)와 아르페지오(Arpeggio: 여러 개의 음을 하나씩 일정한 순서에 따라 상하행으로 연주하는 방식 -  표시)를 번갈아 사용하거나, 둘 다 스트로크로 연주합니다. 둘 다 아르페지오를 연주할 때는 서로 움직임이 겹치지 않게 둘 중 하나는 악기는 움직임을 최소화하는 것이 좋습니다.

여러분의 보다 쉬운 이해를 돕기 위해 〈십자가의 전달자〉를 예로 들어 설명하였습니다.

pattern2

기타와 건반의 스트로크와 아르페지오의 역할을 바꾸면 다음 패턴과 같습
니다.

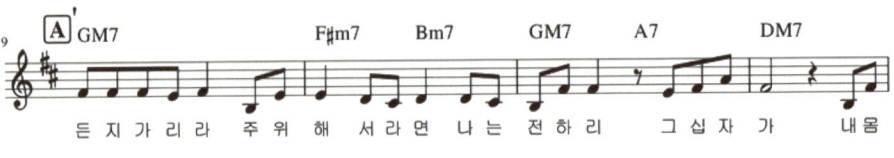

pattern3

다음으로 후렴 시 기타와 건반을 둘 다 스트로크로 연주해 봅시다.

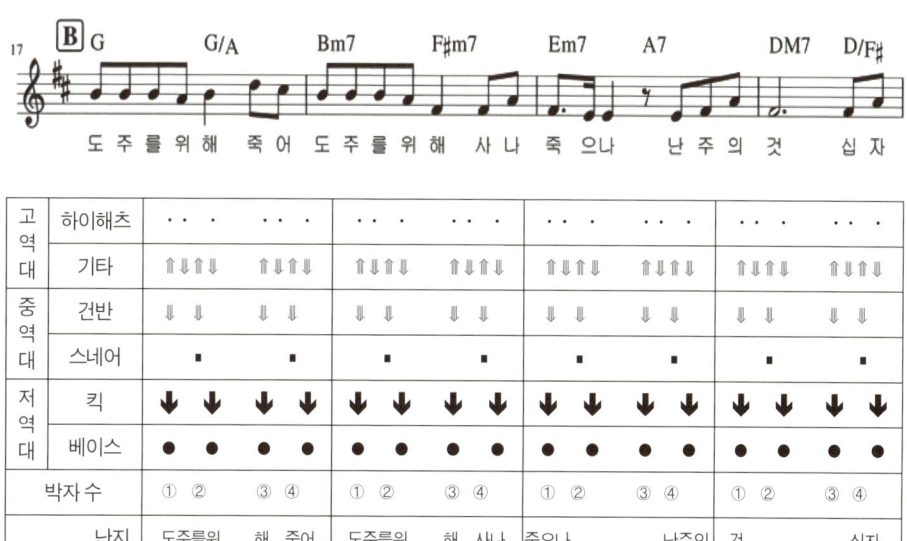

악기 편성 2
기타, 건반, 카혼 - 어쿠스틱 밴드(Acoustic Band)

이번에는 어쿠스틱 밴드 편성입니다. 드럼이 없기 때문에 **리듬**의 역할을 맡은 카혼이 저역대와 중역대를 채웁니다. 기타와 건반은 **화성**과 **리듬**의 역할을 함께 나누어 맡으면서 중역대와 고역대를 끌어가는 역할을 담당하게 됩니다.

여기서 리듬 악기인 카혼의 모양 크기 차이는 세기의 차이를 뜻합니다(■:강, ■:중, ■:약). 풀 밴드 편성과 동일하게 기타와 건반의 역할(스트로크와 아르페지오)은 반대로 바뀔 수 있습니다.

pattern2

다음으로 후렴 시 기타와 건반을 둘 다 스트로크로 연주해 봅시다.

고역대	기타	⇑⇓⇑⇓	⇑⇓⇑⇓	⇑⇓⇑⇓	⇑⇓⇑⇓	⇑⇓⇑⇓	⇑⇓⇑⇓	⇑⇓⇑⇓	⇑⇓⇑⇓
중역대	건반	⇓	⇓	⇓	⇓	⇓	⇓	⇓	⇓
저역대	카혼	▪▪▪■	▪▪▪■	▪▪▪■	▪▪▪■	▪▪▪■	▪▪▪■	▪▪▪■	▪▪▪■
박자 수		①	②	③	④	①	②	③	④	①	②	③	④	①	②	③	④
	살아	도주를위		해 죽어	도주를위		해 사나	죽으나		난주의	것		십자

실습 및 적용

❶ 팀마다 환경(악기 종류, 멤버 수)이 다를 수 있습니다. 특별히 현재 우리 교회의 예배 환경을 고려하여 악기 구성에 대해 생각해 봅시다. 그리고 그에 따라 음역대를 어떻게 고려해서 연주하면 좋을지 앞의 두 가지 악기 편성의 예를 토대로 논의해 봅시다.

❷ 악기가 많을수록 전체 소리의 균형을 잡는 일이 더욱 어렵습니다. 서로 소리를 높이기보다는 알맞게 낮추고, 서로의 자리를 침범하기보다는 피해 주면서 연주해 본 후에 느낀 점을 나누어 봅시다.

chapter 7

글로 배우는
겁 없는 앙상블(2)

지금까지는 악기의 특성과 음역대, 그리고 연주 시 요구되는 각 악기의 고유 역할을 간단히 살펴보았는데요. 이번 장에서는 세 가지를 더 살펴보려고 합니다.

첫 번째는 송폼[5]Song form, 두 번째는 코드와 리듬, 세 번째는 곡 해석인데요. 이것은 앙상블을 위해 가장 기본적으로 이해해야 할 요소입니다.

---

5 송폼(Song Form)이란 노래가 진행되는 전체적인 순서와 형식을 말한다.

송 폼 (Song Form)

노래의 구성인 송폼을 설명하기 위해 먼저 몇 가지 음악 용어에 대해 설명하고 싶습니다.

노래에서 의미를 가진 가장 작은 단위를 우리는 일반적으로 '**동기**'motif 라고 합니다. 이 동기는 **두 마디**로 이루어져 있습니다. 기본적으로 흡입력이 있고 기억에 남는 인상적인 동기가 한 노래의 전반적인 분위기를 결정한다고 말할 수 있습니다. 예를 들면 우리가 흔히 아는 클래식 중에 베토벤이 작곡한 〈운명〉의 경우 짧은 두 마디의 외침이 이 노래 전체를 뒤덮을 만큼 강렬한 인상을 남깁니다. 그래서 이 두 마디는 아주 훌륭한 동기라고 할 수 있습니다.

위와 같은 동기가 두 개 모여 네 마디로 이뤄진 것을 '**프레이즈**'(phrase, 악절)라고 합니다. 프레이즈는 동기가 두 개 모여서 좀 더 큰 해석을 가져오는 역할을 담당합니다. 동기로는 하나의 완벽한 문장을 구성하기 어려울 때가 있는데 프레이즈로는 하나의 문장이 거의 완성되어 완벽한 의미를 전달할 수 있게 되는 거죠.

이런 프레이즈를 두 개 모아서 여덟 마디의 '큰악절'period을 구성하는데, 우리가 보통 노래에서 '**도막**'이라고 부르는 단위입니다. 음악 시간에 배운 한 도막 형식(8마디), 두 도막 형식(16마디) 기억나시죠? 도막은 음악의 의미를 전체적으로 담을 수 있는 완전한 단위이기도 합니다.

어쩌면 조금은 딱딱할 수 있으나 한 번은 짚고 넘어가야 하기에 기초적인 음악 이론을 이렇게 살짝 짚어 보았습니다. 이제부터는 조금 더 현장의 방식으로 송폼에 대해 정리해 보겠습니다.

· **송폼의 기본 순서**

순서	내용	마디 수 (일반적인 예배 음악 기준)
전주 INTRO	곡이 시작될 때 나오는 보컬 없는 반주 부분	4-8마디
벌스 VERSE	보컬이 처음 나와서 전개되는 도입 부분	8마디(경우에 따라 벌스가 2개 연속해서 이어짐)
후렴 CHORUS	보컬의 클라이맥스 부분	8마디
간주 INTERLUDE	절과 절 사이에 보컬 없는 반주 부분	4-8마디 (16마디, ex: 악기 솔로)
브릿지 BRIDGE	벌스와 후렴 뒤에 또 다른 형식의 보컬 부분	8마디
후주 OUTRO	곡이 끝날 때 나오는 보컬 없는 반주 부분	없는 경우가 많음

위의 송폼을 보면 우리가 부르는 대부분의 노래는 전개에 해당되는 벌스verse와 클라이맥스가 포함된 후렴chorus으로 이루어져 있습니다. 그리고 그 앞뒤로 악기 연주로만 구성된 전주와 간주가 위치해 노래의 시작과 전환을 돕습니다. 거기에 좀 더 풍성한 메시지 확장을 위해 브릿지bridge를 추가하기도 합니다.

예를 들어 간결하고 반복적인 메시지를 담을 경우에는 보통 8마디의 한 도막 형식(예를 들면, 〈찬양하라 내 영혼아〉)이나 16마디의 두 도막 형식(예를 들면, 〈목마른 사슴〉)을 사용합니다. 이런 형식은 세밀하고 복잡한 서술 구조에 의존하기보다는 선명하고 강렬한 선언, 즉 '여호와는 선하시다. 삶의 주인은 주님이시다' 등의 단순하고 반복적인 선포를 주로 담아 냅니다. 특히 이런 찬양은 예배자들이 개인적으로 가사의 묵상을 자유롭게 확장하기 쉬운 강점이 있습니다.

그리고 개인적인 간증이나 스토리를 담아내 마치 한 편의 설교를 듣는 듯한 곡이 있는데요. 그럴 경우 노래의 길이가 24마디나 32마디, 많게는 그 이상으로 늘어나기도 합니다. 이런 곡들은 작곡자가 길어 올린 깊은 묵상의 이야기들을 함께 맛볼 수 있는 장점이 있습니다. 이런 종류의 곡에 대해 조금 더 자세히 설명드리고 싶은데요. 제가 쓴 곡 중에 **〈십자가의 전달자〉**라는 곡을 예로 들겠습니다.

　위의 악보에서 A, B와 같이 알파벳으로 표기한 것은 보통 예배 음악 사역 팀에서 곡의 순서를 설명할 때 흔히 사용하는 방식입니다. 참고로 위 악보는 독자들의 보다 쉬운 이해를 돕기 위해 도돌이표와 같은 음악 기호 없이 처음부터 끝까지 부르는 순서 그대로를 따라 그린 것입니다.

만일 이 곡을 부를 때 악보대로 부르게 된다면, 벌스1:A(8마디)—벌스2:A´(8마디)—후렴:B(4마디)&B´(4마디)—벌스3:A(8마디)—엔딩:C(2마디)와 같이 부르게 됩니다.

앞에서 언급한 찬양들의 송폼을 정리하면 다음과 같습니다.

> ① 찬양하라 내 영혼아(8마디)
> ▶ A(4마디)—A´(4마디)
> ② 목마른 사슴(16마디)
> ▶ A(4마디)—A´(A와 유사:4마디)—B(4마디)—A´(두 번째 4마디와 동일)
> ③ 십자가의 전달자(34마디)
> ▶ 벌스1:A(8마디)—벌스2:A´(8마디)—후렴:B(4마디)&B´(4마디)—벌스3:A(8마디)—엔딩:C(2마디)

이런 방식으로 간단하게 도식화해서 곡 순서만 따로 기록해 두는 것도 좋습니다. 여러분이 찬양을 인도할 때 전체적인 흐름을 잘 파악하는 데 많은 도움이 될 것입니다.

코드와 리듬

음악을 풍성하게 하는 대표적인 요소는 코드와 리듬입니다. 이 두 가지를 한꺼번에 모두 다룬다는 것은 불가능하기 때문에 핵심적인 부분만 짚어 보도록 하겠습니다.

1) 코드

저는 음악을 전공하지 않았지만 교회에서는 어릴 때부터 성가대를 섬겼습니다. 학교에서는 음악 수업을 나름대로 열심히 들었습니다. 그리고 피아노는 거의 독학으로 익혔는데요. 교회 누나에게서 배운 딱 세 가지 C, F, G 코드로 연주를 시작했습니다. 그런데 이 세 가지 코드는 음악을 하나도 몰랐던 제가 음악을 시작하게 된 굉장히 중요한 토대가 되었습니다.

무엇보다 저의 이런 시작이 저와 같은 출발선상에 서 계신 분들에게 부디 작은 위로와 격려가 되면 좋겠습니다. 아! 가장 중요한 것을 하나 빠뜨렸는데요. 제가 사랑하는 모든 음악은 저의 가장 훌륭한 스승님이 되어 주었습니다.

사실 코드는 정말 어렵습니다. 책으로 공부하거나 심지어 개인 레슨을 받는다 해도 사실 음악을 전공하지 않는 사람들에게는 이해나 적용이 쉽지 않습니다. 그래서 여기에서는 이론 중심의 설명보다는 비전공자의 입장에서 코드를 연구한 학습 여정을 시간의 흐름에 따라 말씀드리고자 합니다.

① 주요 3화음

저는 가장 이해하기 쉬운 C코드를 먼저 연습했습니다. 그리고 다음에는 그와 연결된 나머지 두 코드인 F, G코드를 연습했습니다. 참고로 이 세 가지 코드는 여러 스케일[6] scale 중에서 가장 기본적이라고 할 수 있습니다.

C 메이저 major 스케일을 악보로 표기하면 다음과 같습니다.

이 스케일에서 가장 중요한 3가지 화음은 '도-미-솔', '파-라-도', '솔-시-레'로 이루어져 있는데요. 이것이 바로 우리가 학창시절 음악 수업 시간에 배웠던 **주요 3화음**[7]입니다.

실제 피아노 건반으로 이 세 코드를 연주하면 다음과 같습니다.

1도 (도-미-솔)   4도 (파-라-도)   5도 (솔-시-레)

위의 코드를 악보로 표현하면 이렇습니다.

1도 (C:도-미-솔)   4도 (F:파-라-도)   5도 (G:솔-시-레)

---

6 스케일이란 각 음을 일정한 규칙에 따라서 음 높이 순서대로 배열하는 것을 뜻한다. 예를 들면 우리가 가장 일반적으로 쉽게 접할 수 있는 C major 스케일은 '도-레-미-파-솔-라-시-도'이다.

7 주요 3화음이란 스케일에 따라 3화음을 이루는 음 중에서 첫 번째 음, 네 번째 음, 다섯 번째 음을 각각 밑음으로 하여 쌓은 세 개의 화음을 말한다.

저는 피아노를 처음 공부하기 시작할 때 모든 곡을 이 세 가지 코드 진행으로 바꾸어서 연주해 보았습니다. 실제로 이 훈련은 우리가 음악의 진행을 이해하는 데 상당한 도움을 줍니다. 이 글을 읽는 분도 꼭 한 번 시도해 보시기 바랍니다.

만일 그것이 어렵다면 곡 처음부터 끝까지 중간에 다른 코드로 바꾸지 마시고 오직 C코드 **하나로만** 연주해 보십시오. 그 후에 비교적 멜로디를 더 포함하고 있는 코드를 세 개 중에 하나 선택해서 조금씩 코드를 바꾸어 가면서 연주해 보세요. 점차 자신의 취향이나 느낌에 따라 코드의 자리를 바꾸어 가면서 자유롭게 연주해 보시기 바랍니다. 틀려도 괜찮습니다. 어려운 코드는 건너뛰어도 좋습니다.

여러분이 이 연습을 좀 더 쉽게 이해할 수 있도록 멜로디 진행과 코드에 대한 팁을 딱 한 문장으로 줄여서 표현해 볼까요?

모든 멜로디는 도(으뜸음: 1도의 근음[8]root)를 향해 움직인다.

한 곡의 노래 안에서 대부분의 멜로디는 어느 방향으로 움직이든지 결국은 '도'를 향해 돌아가려는 습성을 가지고 있습니다. 앞서 소개한 〈십자가의 전달자〉 가장 끝부분을 보면 비록 중간에는 여러 가지 복잡한 코드들이 얽히고설킨 관계로 진행되지만, 결국엔 1도의 근음으로 마무리되는 것을 보게 됩니다. 마치 우리 삶이 결국은 으뜸이신 하나님께로 돌아가는 것과 비슷한 느낌이라고 생각하면 이해에 도움이 될 것입니다.

---

8 근음(root)이란 3화음으로 구성된 코드의 가장 밑 음을 뜻한다.

②**나란한조**

그런데 이 세 코드로 계속 치다 보니 저는 이 진행들이 좀 뻔하고 지겨워지기 시작했습니다. 그래서 코드가 복잡한 악보들을 뒤적여 보았습니다. 그리고 그 악보의 음악을 찾아 들으면서 조금 더 좋은 느낌이 나는 코드들을 더 알고 싶어졌습니다. 그렇게 악보를 자세히 들여다보니 Am, Dm, Em 같은 코드들이 새롭게 눈에 들어왔습니다.

자세히 보니 이 코드들이 중학교 때 배운 기본 3화음과 '나란한 조'라는 사실에 반가웠습니다. '라-도-미', '레-파-라', '미-솔-시', 이 코드는 기본 3화음의 세 음 중에 가장 위쪽의 음들이 없어지고, 아래로 3도 차이가 나는 근음이 더 추가되면서 슬프게 느껴지는 어두운 느낌들의 코드입니다. 일명 **단조**minor 코드들입니다(참고로 앞서 다룬 주요 3화음은 단조에 비해 다소 밝은 느낌이 나는 장조[major] 코드들입니다).

실제 피아노 건반으로 이 세 코드를 연주하면 다음과 같습니다.

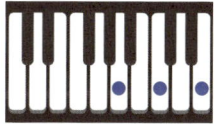
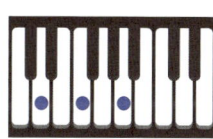
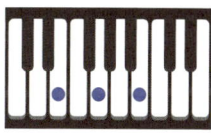

위의 코드를 악보로 표현하면 이렇습니다.

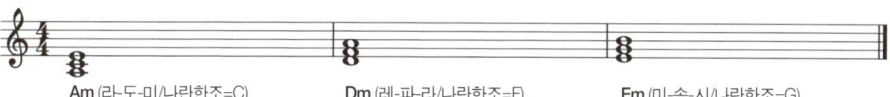

이렇게 저는 C, F, G코드에 Am, Dm, Em를 추가해서 코드 부자가 되었습니다. 이 코드들만으로 저는 훨씬 다양한 노래를 연주할 수 있다는 행복감에 젖어 들어 며칠을 코드의 맛에 흠뻑 빠져서 허우적댔습니다. 그 후에 저는 실제로 코드를 공부할 수 있는 악보를 뒤져서 따라 치기 시작했습니다. 일부러 순서를 바꿔서 쳐 보기도 했습니다.

저는 음악을 들으면서 그 음악의 악보의 코드를 건반 위에서 찾아갔습니다. 그것에 익숙해지면서 저는 메이저 코드와 마이너 코드를 나란한조끼리 바꾸어 가면서 자유롭게 연주하기 시작했습니다.

③ **자리바꿈** inversion
그렇게 나란한조에 익숙해질 무렵 또 하나의 새로운 코드가 눈에 들어왔습니다. 코드 두 개가 '/' 표시로 함께 묶여 있는 것들이었습니다. 저는 이것이 궁금했습니다.

'도대체 / 표시가 뭐지? 코드 두 개를 왜 함께 묶어 놓았을까? 이건 대체 어떻게 치는 걸까?'

이번에는 정말 이해하기가 어려웠습니다. 그래서 아예 이 코드가 나오는 피아노 악보를 사서 그 코드의 음표를 피아노로 직접 쳐 보았습니다. 그렇게 해보니 근음의 위치가 1도가 아니라 3화음의 가운데인 3도였습니다. 예를 들어 C/E는 C코드의 '도미솔'에서 근음의 위치를 가운데 음인 E(미)음으로 바꾸어 '미솔도'로 연주하는 것입니다.

처음에는 '/' 앞뒤로 있는 코드 순서가 많이 헷갈렸지만, 자꾸 반복하니 어느 정도 익숙해졌습니다. 이런 코드 변화를 '**자리바꿈**'inversion이라고 합니다. 자리바꿈은 3도 자리바꿈뿐만 아니라 5도 자리바꿈도 있다는 것을 알게 되었습니다. 그 이후로 저는 자리바꿈 코드가 많이 나오는 음악을 더욱 열심히 들었습니다. 그리고 작곡할 때 자리바꿈 코드를 사용하기 시작했습니다.

위의 내용이 조금은 산만하게 느껴지시는 분들도 계시겠지만, 어쩌면 저와 같은 고민을 가진 분들이 공통으로 느끼시는 지점이 있으리라 생각이 됩니다.

④ 코드를 숫자로

시간이 지나 결국 저는 다른 스케일의 음악을 더 이상 C코드로 옮겨 치지 않게 되었습니다. 그리고 이제 모든 코드 진행을 숫자로 바꾸어서 외우게 되었습니다.

예를 들면, C스케일에서의 'C-F-G' 진행과 D스케일에서의 'D-G-A' 진행은 둘 다 '1-4-5도'로 같은 진행이라는 원리를 이해하게 되었습니다. 이렇게 코드 진행을 숫자 진행으로 바꾸어 이해하면 갑자기 다른 코드 진행으로 연주해야 하는 상황이 발생해도 비교적 쉽게 대처할 수 있습니다.

자, 박자로 넘어가기 전에 지금까지 설명한 코드에 대해 한 번 정리해 볼까요?

코드 훈련 순서

주요 3화음 (C, F, G)	나란한조 (Am, Dm, Em)	자리바꿈 (inversion)	코드를 숫자로

마지막으로 지금까지 정리된 코드 진행을 바탕으로 우리가 알아야 할 가장 대표적인 코드 진행을 C 메이저 스케일 기준으로 정리하면 아래와 같습니다.

> C — G/B — Am — Dm(F) — G — C

위의 코드 진행 중에 두 번째인 G/B코드를 보면, 원래 G코드이지만 코드의 진행 특성상 **근음**(G코드의 경우 솔)이 특히 **가까운 쪽**으로 움직이려고 하기 때문에 G코드의 3음(시)을 근음으로 자리바꿈하여서 이동을 자연스럽게 하였습니다.

그리고 Am 뒤의 '**Dm - G - C**' 진행은 일반적으로 '2-5-1' 진행이라고 하는데요. 현대 음악 스타일에서 가장 중요한 코드 진행입니다. 특히 재즈 화성에서 노래의 조성을 변환시킬 때 가장 많이 사용하는 코드 진행이기도 합니다.

2) 리듬

리듬은 음악의 장르를 결정짓는 가장 중요한 기준이 됩니다.

현대 예배 음악의 리듬은 크게 4비트, 8비트, 16비트 정도로 나눌 수 있습니다. 간단히 말씀드리면 4비트는 주로 4분 음표가 많이 나오고, 8비트는 8분 음표, 16비트는 16분 음표가 많이 나오는 음악이라고 이해하면 됩니다.

리듬의 요소에는 **템포**tempo와 **그루브**groove가 있습니다. 템포는 리듬의

뼈대가 되는 기본 박자를 뜻합니다. 템포는 **정확한** 음의 **간격**을 유지하는 것이 가장 중요합니다. 그루브는 음과 음 사이에 발생하는 **움직임**과 **해석**을 뜻합니다. 음악의 리듬감을 살리기 위해서는 음 자체가 중요한 것이 아니라, 음과 음 사이를 어떤 스타일로 잇는지가 매우 중요합니다.

사람의 걸음걸이를 생각하면 좀 더 이해하기 쉽습니다. 한 걸음을 내딛은 후에 다음 한 걸음으로 연결되는 방식은 사람마다, 상황마다, 기분마다 다릅니다. 걸음과 걸음 사이에 옮겨지는 방식과 해석이 리듬이고 그루브라고 할 수 있습니다. 예를 들어 클래식 지휘자와 힙합 가수가 무대에 올라오기 위해 걸어 나오는 모습만 비교해 보아도 우리는 이 차이를 쉽게 이해할 수 있습니다.

리듬 훈련은 템포와 그루브, 이 두 가지 요소 사이를 오가면서 이루어집니다. 템포가 흔들리면 그루브는 무질서한 방종의 길을 가게 되고, 그루브 없이 템포에만 음악이 묶이게 되면 마른 막대기처럼 무미건조하고 딱딱해집니다. 그래서 여기서 두 가지 연습을 추천하고 싶은데요. 박자 쪼개기와 화살 당기기 그루브 입니다.

① 박자 쪼개기

첫 번째 연습 방식은 노래할 때 메트로놈을 켜 놓고 리듬을 **2분의** 1로 쪼개어서 타는 것입니다. 예를 들면 **4박자**(4분음표)의 음악이면 일부러 **8박자**(8분음표)의 리듬을 생각하면서 연주하라는 뜻입니다.

애플리케이션 중에 좋은 메트로놈이 많으니 연주할 때 꼭 들으면서 해보시기 바랍니다. 언뜻 보면 굉장히 잘하는 것처럼 보이는 밴드라도 정작 템포를 정확히 지키지 않으면 음악이 지저분하게 들리고, 특히 녹음할 때 어려움을 겪게 됩니다. 그러니 조금 불편하더라도 드러머를 중심으로 메트로놈을 꼭 사용하시기 바랍니다.

여기서 두 개의 악보를 비교하여 소개해 보겠는데요. 첫 번째 악보는 실제 악보 상에 표기되어 있는 음이라면 두 번째 악보는 우리가 실제로 부를 때 사용하는 방식으로 바꾸어 표기한 악보입니다.

악보 상의 리듬

실제 부르는 리듬

첫 번째 악보 같은 곡을 만나면 두 번째 악보와 같은 방식으로 바꾸어 불러 보십시오. 훨씬 리듬감을 살려 노래할 수 있습니다.

② **화살 당기기 그루브**

두 번째는 마치 화살을 쏠 때 줄을 당겼다가 놓는 방식으로 그루브를 연습하는 것입니다. 예를 들어 4분의 4박자의 경우 1-2-3-4 박이 단순히 똑같은 힘과 크기로 연주되는 것이 아니라, 중-약-강-약의 느낌으로 연주되는 것을 상상해 보기 바랍니다. 그리고 음과 음의 연결이 막대그래프처럼 직각이 아니라 곡선으로 이어진다는 상상을 해보세요.

그림으로 표현하면 다음과 같습니다.

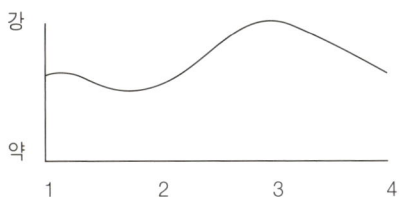

마치 화살의 줄을 천천히 당겼다 풀었다 하는 긴장과 이완의 연속을 노래의 해석 안에 집어넣을 때, 노래는 마치 오래 삶았지만 퍼지지 않고 쫄깃한 식감이 살아 있는 면처럼 우리 입속에서 살아 움직이게 됩니다. 그런 의미에서 이 그루브의 이름을 **"화살 당기기 그루브"**라고 붙여 보았습니다.

3) 원 포인트One-Point 곡 해석

마지막으로 곡 해석에 대해 말씀드리겠습니다.

똑같은 사건을 이야기하더라도 해석과 표현에 따라 듣는 이에게 전혀 다른 느낌을 줄 수 있습니다. 그것은 단순히 전달하는 이의 자기 몰입만으로는 불가능합니다. 자신의 감정에 충실하다고 해서 그 이야기를 듣는 이의 마음까지 그 감정이 다 전달되지는 않을 수 있습니다. 어떤 면에서 예술은 기술적인 완성도가 뒷받침되지 않으면 전달자의 의도가 제대로 전달되지 못하는 경우가 많습니다.

그것은 우리가 설교를 들을 때에도 마찬가지입니다. 어떤 훌륭한 설교라도 설교의 모든 문장과 내용을 빠짐없이 기억할 수는 없습니다. 우리는 보통 그 설교의 핵심 클라이맥스에 해당되는 한 문장이나 단어, 혹은 하나의 예화를 주로 기억합니다.

노래도 마찬가지인데요. 노래에 모든 음표와 마디가 주인공이 될 수는 없습니다. 어떤 멜로디는 주인공의 역할을 하고, 또 어떤 멜로디는 화려하게 빛나지는 않지만 오히려 주인공을 더 빛나게 해주는 조연 역할을 해야 합니다. 심지어 노래의 전체 메시지를 더 효과적으로 전달하기 위해 자신을 희생하는 멜로디도 필요합니다.

그런 의미에서 저는 이런 곡 해석을 '**원 포인트**One-Point **곡 해석**'이라고 이름 붙여 보았습니다. 2마디의 동기와 4마디의 프레이즈가 모여 8마디의 벌스와 후렴을 이루고 그것이 하나의 곡으로 완성되는 모든 과정은 마치 우리가 하나의 산을 오르는 것과도 같습니다. 학창 시절 국어 시간에 배운 '**발단-전개-위기-절정-결말**'의 이야기 구조를 기억하시나요? 음악도 마찬가지로 (장르마다 조금씩 구성이 다를 수는 있지만) 기본적으로 이런 이야기의 구조를 가지고 있어야 합니다.

앞서 소개한 〈십자가의 전달자〉의 곡 해석을 그래프로 그려 보았습니다.

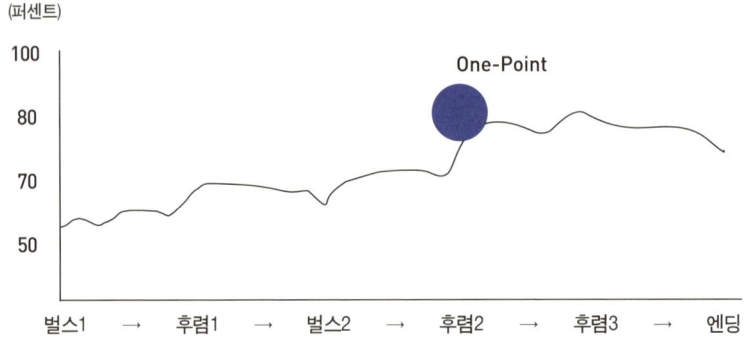

연주자는 이와 같은 노래 전체의 흐름을 미리 머릿속에 그려 두고 치밀하게 계획을 세워야 합니다. 그래서 가장 중요하게 전달되어야 하는 핵심 메시지가 무엇인지 항상 염두에 두고 연주해야 합니다.

때론 전체적인 흐름에 따라 노래의 구간 구간을 위의 그림처럼 적절하게 힘을 주거나 빼야 합니다. 클라이맥스를 좀 더 강조하기 위해 오히려 다른 부분의 강도를 상대적으로 낮추는 것도 효과적인 방법이 될 수 있습니다.

그리고 어떤 부분을 감정적으로 표현하기 위해 조금은 긴장감을 가지고 연주했다면 이어지는 부분에서는 긴장감을 이완시켜주는 것도 필요합니다. 그것을 위해 어떨 땐 화성을 강조하고, 어떨 땐 리듬을 강조하고, 어떨 땐 볼륨을 조금 더 강조하는 등의 조율 기술은 이야기를 더욱 풍성하게 들리게 합니다.

마치 백조가 우아하게 물 위를 떠다니기 위해 물 밑에서는 발을 열심히 움직이며 노력하듯이 우리의 예배 음악 사역도 때로는 이렇게 기술적으로 세밀한 분석과 접근이 필요한 것임을 꼭 기억하면 좋겠습니다.

실습 및 적용

❶ 'C-F-G 코드 진행→나란한조→자리바꿈'을 순서에 따라 연습하되, 무조건 암기하기보다는 그 과정을 자연스럽게 이해하는 데 초점을 맞추어 보세요. 그 후에는 다양한 조로 바꾸어서 코드 진행을 암기해 보세요.
(C 메이저 스케일에서의 C-F-G 진행, D 메이저 스케일에서의 D-G-A 진행, E 메이저 스케일에서의 E-A-B 진행은 모두 동일한 1-4-5도 진행 패턴이라는 것을 잊지 마세요.)

❷ 리듬을 연습할 때는 항상 템포와 그루브를 함께 떠올리세요. 템포를 연습하실 때는 메트로놈을 꼭 사용하시고, 리듬감을 높이기 위해 메트로놈의 속도를 두 배로 높여서 반으로 쪼개지는 효과를 넣어 연습해 보세요. 거기에 화살 당기기 그루브를 응용하여 연습해 봅시다.

❸ 평소에 자신이 좋아하는 노래를 한 곡 골라 원 포인트 곡 해석을 완성해 보세요. 그리고 팀원들이 함께 꾸미는 조촐한 음악회를 열어 서로 피드백을 나누어 봅시다.

chapter 8

찬양 인도의 준비에서 실전까지

제법 규모를 갖춘 예배 음악 사역 팀의 경우, 찬양 인도자와 뮤직 디렉터가 따로 세워져 있습니다. 하지만 대부분의 중소 교회에서는 찬양 인도자가 뮤직 디렉터의 역할을 함께 감당해야 할 때가 많습니다. 그런 취지에 따라 이번 장에서는 예배 음악 사역 팀의 연습에서 실전까지의 과정을 자연스러운 사역 순서의 흐름에 따라 정리해 보았습니다.

찬양 인도자의 역할

찬양 인도자의 역할은 교회가 지향하는 예배 음악 사역의 역할과 방향에 따라 조금씩 다릅니다. 「아트 오브 워십」(예수전도단 역간)에서 그레그 시어는 예배를 크게 세 가지로 나누었는데요. 말씀과 성찬을 중심으로 하는 **의식적 예배 구조**, 설교를 중심으로 하는 **주제 중심적 예배 구조**, 찬양과 기도를 중심으로 하는 **경험적 예배 구조**로 구분합니다. 보다 쉬운 이해를 돕기 위해 다음과 같이 표로 정리해 보았습니다.

예배의 유형에 따른 찬양 인도자의 기능

	의식적 예배 구조	주제 중심적 예배 구조	경험적 예배 구조
역할	말씀 낭독, 기도 등 다른 예배 요소들과 동등한 예전 의식	설교 전 도입부와 설교 마무리에서 설교 주제 강화	기도와 함께 예배 전체를 끌어가는 핵심 요소
방식	치밀하게 의도된 구성, 설교의 일부	메시지 주도, 적극적인 개입	개입을 최소화하고 자연스러운 흐름을 따름.
멘트	미리 준비된 멘트를 그대로 따라 읽음.	인도자의 콘티 주제에 따름.	없거나 최소화함.
유형	성공회, 루터교, 그리스정교회, 이머징 워십	부흥 사경회 현대 교회 공예배	찬양 집회 금요 철야

하지만 최근에는 이런 구분이 무의미할 정도로 여러 예배의 요소가 이미 혼합되어blend 다양한 예배 형식이 등장하고 있습니다. 결국은 찬양 인도자와 각 교회의 특성과 필요에 맞는 방식으로 찬양 인도 방식을 선택하면 됩니다. 앞의 표를 보면서 여러분의 스타일과 교회에 맞는 가장 적절한 찬양 인도법을 한번 떠올려 보시면 어떨까요?

이제부터 연습에서 리허설까지 찬양 인도자가 준비해야 할 몇 가지 주요 사항에 대해 살펴보겠습니다.

준비

1) 보컬

찬양 인도자에게 보컬로서의 역량은 필수입니다. 굳이 가수처럼 노래를 아주 잘하지 못해도 상관없습니다. 하지만 최소한 부르는 이와 듣는 이가 자연스레 메시지를 주고받을 수 있을 정도의 안정감은 필요합니다. 찬양 인도자가 자신의 현실을 정확하게 직시하지 못한 채 스스로 자아도취에 빠져 노래하고 있다면 예배에 심각한 악영향을 줄 수 있다는 사실을 기억해야 합니다.

솔직히 단 몇 페이지의 글로 노래 실력을 향상시키는 것은 불가능합니다. 그래서 여기에서는 노래를 할 때 가장 기본적으로 알아야 할 핵심 요소들에 대해서만 간단히 다루어 보기로 하겠습니다.

① 말하듯이 노래하기

노래를 가르치다 보면 말할 때의 소리와 노래할 때의 소리가 매우 다른 분들을 자주 만나게 됩니다. 보통 처음 노래를 시작하시는 분들은 평소 말할 때와는 다르게 좀 더 멋지게 꾸며서 노래하는 것이 더 잘하는 것처럼 들릴 거라고 착각할 때가 많습니다. 그러다 보니 자신도 모르게 목과 어깨뿐만 아니라 배에도 과도한 힘을 주게 되죠. 노래를 잘하고 싶은 지나친 욕심은 자칫 노래를 망치는 지름길이 될 수 있습니다.

마치 사는 것처럼 노래하는 것이 가장 멋진 노래이듯, 말하는 것처럼 노래하는 것이 노래를 가장 잘 들리게 하는 방법이 될 수 있다는 사실을 꼭 기억하기 바랍니다.

② 호흡 훈련

노래를 부를 때 가장 기초적이고 중요한 훈련은 호흡 훈련입니다. 호흡을 고르고 길게 들이쉬고 내쉬는 법을 제대로 익혀야 목소리가 떨리거나 음이 불안하거나 마무리가 흔들리지 않습니다.

호흡을 먼저 코로 깊이 들이쉴 때, 어깨와 가슴이 들리지 않고 코에서부터 광대뼈 살짝 위쪽으로 숨이 들어간다고 생각해 보세요. 입과 코 안, 광대뼈, 미간 사이와 관자놀이 부분처럼 머릿속에 비어 있는 공간이 있는데, 그곳은 발성에서 매우 중요합니다. 호흡이 그곳을 지나가는 느낌으로 머리 뒤쪽으로 살짝 돌아 내려와 성대(후두)와 척추를 타고 꼬리뼈까지 숨이 깊이 내려간다고 상상해 보세요. 위의 그림처럼 커다란 **물음표 모양**의 곡선이 그려집니다. 물음표 가장 아래서부터 위쪽 끝까지 이어지는 곡선은 저음부터 고음까지 이어지는 길이라고 생각하시면 됩니다. 참고로 이런 이미지 트레이닝은 실제 소리를 내는 연습만큼이나 굉장히 중요합니다.

그렇게 호흡할 때 특히 옆구리와 등 뒤쪽과 배꼽 아래 단전을 살짝 내밀어 **도너츠 모양**을 만들어 보세요. 숨을 들이쉴 때 배를 자연스럽게 내밀고, 숨을 내뱉을 때 내밀었던 배를 살짝 버티면서 풍선처럼 바람을 간직하다가 조금씩 내보내 보세요. 숨을 고르고 길게 내거나, 짧게 스타카토로 숨을 들이쉬고 내쉬는 연습은 소리를 고르고 힘 있게 만들어 노래가 안정적으로 들리는 데 큰 도움을 줍니다.

③ **힘 빼기**

노래를 편하게 하기 위해선 우선 몸에 힘을 빼야 합니다. 특히 몸통의 상체 부분인 명치 위에서부터 아래턱 부분까지 힘이 많이 들어가게 되면 고음이 잘 안 올라가거나 목에 힘을 많이 주게 됩니다. 특히 아래턱과 목, 혀 부분이 경직되지 않도록 조심해야 합니다. 그 정도가 심하면 명치나 가슴 쪽에 통증이 생기는 경우도 있습니다.

그곳에 힘을 빼기 위한 몇 가지 방법이 있는데요. 첫 번째로 실이 머리의 정수리 부분에서부터 천장으로 연결되어 있어서 그 실에 내 몸이 지탱하고 있다고 상상해 보는 것입니다. 그렇게 힘을 최대한 뺀 채로 고개를 좌우로 천천히 돌려 봅시다. 그때 입을 열어 "아" 하고 소리를 편안하게 계속 내봅시다. 단 이 소리는 떨리지 않아야 합니다.

두 번째로 **입술 떨기**인데요. 입술을 가볍게 다문 채로 입술에 살짝 바람을 불어 떨어 봅니다. 그렇게 저음에서부터 고음까지 '부르르' 하고 입술을 떨며 오토바이 소리처럼 오르락내리락하며 흉내 내봅시다. 그렇게 하면 특히 턱과 입술 쪽에 불필요한 힘이 많이 빠지게 됩니다.

세 번째로 나무젓가락 두 개를 준비합니다. 그것을 쪼개지 않은 채로 각각의 나무젓가락 손잡이 부분을 눕히지 말고 세운 채로 양쪽 어금니 안에 넣어서 물어 봅니다. 그렇게 턱을 고정한 채로 글을 또박또박 읽는 연습을 해보세요. 턱에 들어가 있는 불필요한 힘을 뺄 수 있습니다.

④ **발성**

발성은 노래 연습 중에서도 가장 어려운 부분입니다. 소리의 높낮이에 따라 몸에서 울리는 부분이 다릅니다. 저음일 때엔 가슴이 울리고, 음이 올라갈수록 위쪽으로 울림이 올라가고, 고음일 때는 머리 위쪽이 울려야 합니다.

가슴을 울리는 소리를 **흉성**, 입과 코 중간 정도를 울리는 소리를 **중성**, 머리를 울리는 소리를 **두성**이라고 합니다. 노래 한 곡을 부를 때 우리는 이 세 가지 소리를 음의 높낮이에 따라 모두 사용하게 됩니다.

소리를 지나치게 크게 내려고 하다 보면 저음일 때 소리를 지나치게 누르거나 고음일 때 지나치게 소리에 힘을 주게 되어 일명 목으로 쥐어짜는 소리가 나게 되고, 고음을 제대로 낼 수 없게 됩니다. 아까 설명드린 것처럼 몸 옆으로 그려지는 커다란 물음표 모양의 **호흡의 길**을 생각해 보세요. 그 길을 따라 몸을 울린다는 느낌으로 연습해 봅시다.

⑤ **워밍업**

찬양 인도를 하다 보면 시작할 땐 목이 잘 풀리지 않았다가 중간 정도 지나서야 노래가 오히려 더 잘 나오고 목이 풀리는 경험을 하게 됩니다. 그 이유는 찬양 인도 전에 제대로 워밍업을 하지 않았기 때문입니다. 노래하기 전에는 반드시 30분 정도 워밍업을 해줘야 합니다. 그것은 목을 잘 관리하는 비결이기도 합니다. 방법은 앞서 설명한 호흡과 힘 빼기, 발성 훈련 등을 하시면 됩니다.

특히 연습할 때 찬양을 많이 부르는 것은 단순히 기능의 준비만이 아니라 영적으로도 최고의 준비입니다. 반복적으로 찬양을 부르면서 메시지를 묵상할 때 우리는 연습 과정에서도 많은 영적인 유익을 얻게 됩니다.

2) 멘트

부끄럽지만 저에게는 결코 잊을 수 없는 실수담이 있습니다.

아주 오래전에 군대에서 휴가를 나왔다가 갑자기 특별 순서를 맡아 노래한 적이 있었습니다. 부리나케 노래를 한 곡 골랐는데 문제는 멘트였습니다. 저는 멘트를 너무 쉽게 생각한 나머지 인사말만 대충하면 되겠지 싶어 준비되지 않은 채 무대에 올랐습니다.

그런데 문제는 그 노래의 간주가 생각보다 꽤 길다는 것이었습니다. 간주가 나오는 동안 가만히 서 있기가 민망한지라 예상에 없던 이야기를 즉흥적으로 말하기 시작했습니다. 그런데 간주가 거의 마무리되어 가는데도 멘트가 마무리되지 않았습니다. 저는 당황한 나머지 이렇게 멘트를 급히 마무리하고 말았습니다.

"다음 부분은 여러분이 알아서 생각하시고~ 오~(노래 가사)"

저는 그 이후로 한동안 멘트로 단 한 문장을 말할 때도 항상 메모해서 외운 뒤에 무대에 올랐습니다. 한동안 그 사건은 저에게 깊은 트라우마로 남았지만, 그 사건을 계기로 저는 멘트를 더 열심히 준비하게 되었고, 그런 습관은 그 이후 사역에 큰 도움이 되었습니다. 그렇게 멘트를 철저히 준비하는 습관을 들이게 되면, 현장에서 즉흥적으로 발생하는 긴급 상황에도 그에 대한 적절한 메시지를 마음속으로 빠르게 정리해서 말하는 법을 자연스레 터득하게 됩니다.

멘트에는 **균형**이 필요합니다. 특히 도입부에서는 준비한 메시지와 현장의 분위기를 함께 연결해서 하나의 스토리를 30초 이내의 길이로 만들어 내는 훈련이 필요합니다. 멘트는 곡과 관련된 간결한 내용이 좋습니다. 지나치게 가사를 많이 불러 주는 식의 멘트는 회중에 따라 호불호가 갈릴 수 있습니다. 따라서 멘트는 곡의 순서나 분위기 전환을 위한 역할 정도로 절제하는 것이 좋습니다. 멘트는 설교가 아니라 찬양으로 들어가거나 나아가게 하고 다시 기도로 들어가게 하는 통로와 같습니다.

리 허 설

1) 모니터 스피커와 영상을 점검한다

연습이 끝나고 무대에 올라 리허설을 잘 이끄는 것도 찬양 인도자에게는 중요한 임무입니다. 인도자는 가장 먼저 모니터 스피커(청중을 향한 스피커가 아니라 자신의 소리를 듣도록 따로 마련된 스피커)와 영상을 점검해야 합니다. 잘 듣고 잘 보는 것이 좋은 인도와 연주를 위한 필수 요건입니다. 특히 모니터 스피커는 반드시 준비하는 것이 좋습니다. 모니터 스피커 없이 음악을 연주하는 것은 거울 없이 화장을 하는 것과 같습니다. 음악 팀과 회중을 위해 가장 우선적으로 필요한 장비는 바로 모니터 스피커라는 사실을 잊지 마시기 바랍니다.

2) 싱어와 연주자들은 인도자의 목소리에 귀를 기울인다

무대에서 이끌어 가는 책임자가 없다면 그곳은 신호등이 없는 도로와도 같습니다. 무대 감독이나 연출이 따로 세워지지 않았다면 찬양 인도자가 그 역할을 맡아 전체적인 진행을 해야 합니다. 찬양 인도자의 진행에 따라 엔지니어가 음향을 점검하고, 밴드 리허설이 전체적으로 조절되어야 합니다. 그렇기 때문에 찬양 인도자는 리허설 시간이 얼마나 걸릴지, 전체 순서가 어떻게 진행될지를 미리 계산해야 합니다.

자칫 한 파트에서만 시간이 많이 허비되어 결국 전체적인 점검이 다 마무리되지 않은 상황에서 예배가 시작되지 않도록 우선순위를 잘 세워 리허설을 이끌어야 합니다. 특별히 싱어들은 자신들이 예배 시에 눈에 가장 잘 띄는 곳에 있다는 사실을 늘 잊지 말아야 합니다. 그렇게 때문에 리더가 멘트를 할 때는 리더를 향해 시선과 마음을 집중해야 합니다.

리더가 회중을 향해 선포하거나 반응을 요구할 때 싱어들은 리더의 말에 능동적으로 집중하고 반응하는 태도가 필요합니다. 또 기도와 찬양이 더욱 풍성하고 깊어질 때에는 지나치게 획일적인 모습보다는 각자가 마치 홀로 하나님 앞에 서 있는 것처럼 자유롭게 예배해야 합니다. 따라서 싱어나 연주자들은 무대 위에서의 모습이 또 하나의 예배임을 기억하고 사역에 임해야 합니다.

3) 음정은 건반 소리에, 리듬은 드럼 소리에 맞춘다
악기 연주자 중에는 찬양 인도자 외에 음악 전체를 이끄는 밴드 마스터가 필요합니다. 어떤 악기 연주자가 꼭 밴드 마스터가 되어야 한다는 원칙은 정해져 있지 않습니다. 다만 **음정**에 관한 부분은 **건반**이 주로 맡고, **리듬**은 **드럼**이 주로 맡는다고 볼 수 있습니다. 예배 중간에 음정을 맞춰야 할 경우가 생길 때 기타나 다른 멜로디 악기의 음정은 건반에 맞추고, 리듬은 드럼에 맞추어 연주하는 것이 좋습니다. 악기 팀은 특히 연주하면서 서로 혼란이 왔을 때 이런 기준에 맞춰 빨리 제자리를 찾아 연주하는 훈련이 필요합니다.

그리고 악기 연주자들은 악기로 하나님을 찬양하지만, 가능하면 입으로 함께 찬양하는 것이 중요합니다. 왜냐하면 연주자가 음악적인 기술에만 함몰되지 않고 메시지를 묵상하면서 예배할 때 자신에게도 큰 은혜가 되기 때문입니다.

4) 한 번의 녹음은 열 번의 연습과도 같다

요즘엔 굳이 좋은 음향기기를 따로 구입하지 않더라도 노트북이나 스마트폰 등으로도 간단히 녹음할 수 있습니다. 녹음은 리허설과 예배 실황, 이렇게 두 번 정도 하는 것이 좋습니다. 녹음을 통해 연주나 사운드 상태를 더 정확히 체크하고 수정할 수 있기 때문입니다. 녹음은 팀의 실력을 향상시키는 데 큰 역할을 하게 될 것입니다.

5) 마이크의 올바른 사용이 중요하다

마이크를 손에 쥘 때는 위쪽 동그란 헤드를 쥐지 말고 항상 가운데 부분을 잡아야 합니다. 특히 마이크와 입의 거리가 중요합니다. 마이크를 입에서 너무 멀리 떨어뜨리면 소리가 가늘고 작게 들리게 됩니다. 또 너무 가까이 대면 소리는 둔탁하고 불명확하게 들리게 됩니다. 마이크를 입에서 5-7센티미터 정도 떨어뜨려 45도 정도의 각도를 유지하면서 사용하는 것이 가장 좋습니다.

또 많은 사람이 마이크를 공용으로 사용할 경우에는 구취가 심하게 배어 불쾌감을 주지 않도록 각자의 마이크를 정하거나 살균이나 탈취제 등을 사용하는 센스가 필요합니다.

마이크 케이블을 아무렇게나 감아 놓는 것은 사운드에 잡음이 생기는 가장 큰 원인이 됩니다. 항상 깔끔하게 케이블을 감아서 관리하는 것이 잡음 없는 사운드를 유지하는 첫걸음입니다.

최종 리허설
진행 순서

1) 무대 동선 점검

누군가는 예배 음악 사역에 대해 이야기하면서 무대라는 말을 사용하는 것에 대해 거부감이 들 수도 있습니다. 하지만 우리가 예배하는 장소는 단지 교회만이 아니라 매우 다양한 곳이 될 수 있습니다. 또한 예배 음악 사역 팀에게 예배는 한편으로 보면 하나님께 드리는 공연이기 때문에 무대라는 말을 사용하는 것을 이해해 주시기 바랍니다.

먼저 본격적인 음향 점검을 하기에 앞서 무대로의 출입을 위한 동선을 확인해서 등장과 퇴장 시의 질서를 유지할 수 있도록 합니다. 그리고 섬김이들의 명단이 나오면 각자의 자리를 미리 확인해서 차질이 없도록 합니다. 마이크 번호는 꼭 표시해 두는 것이 좋습니다. 왜냐하면 리허설이 끝난 후에 싱어들이 자신의 마이크를 서로 헷갈리게 두고 퇴장하면, 나중에 케이블이 뒤엉키거나 다른 마이크를 들고 노래하는 등 힘들게 진행한 리허설이 무용지물이 되어 버리는 경우가 많기 때문입니다.

예를 들면 위와 같이 무대 세팅을 미리 그려 놓고 리허설을 진행하는 것이 좋습니다(그림은 비교적 큰 규모의 찬양 팀을 기준으로 그렸으나, 작은 규모의 찬양 팀일 경우에도 간단하게나마 무대 세팅을 미리 생각해 놓는 것이 바람직합니다).

2) 리더 마이크 테스트

사운드 테스트가 시작되면 엔지니어는 가장 먼저 전체 스피커를 체크하기 위해 좋은 음질의 음악을 틀어서 최선의 사운드 이퀄라이저를 조절합니다. 그러고 난 후에는 리더 마이크를 먼저 테스트해서 찬양 인도자가 전체적으로 리허설 진행을 하는 데 도움이 되도록 합니다.

3) 악기 점검

악기는 보통 '드럼(킥→스네어→하이해츠→전체 리듬) 혹은 카혼 → 베이스 → 건반 → 기타 → 나머지 악기'의 순으로 테스트하게 됩니다. 물론 개별적인 상황에 따라 순서는 얼마든지 변경될 수 있습니다.

만일 음향 어시스턴트가 있다면 무대에서 함께 체크하면서 음향 엔지니어와 멤버들이 서로 소통할 수 있는 중간 역할을 해줍니다. 하지만 메인 엔지니어만 있는 경우 각자 자신의 악기에 대한 피드백을 할 때 최대한 엔지니어에게 정중히 표현해야 합니다. 그렇게 해서 찬양 인도자와 보컬 디렉터와 악기 디렉터가 의견을 취합해서 소통의 혼선이 없게 하는 것이 좋습니다.

특히 전체적인 사운드에 대해서 피드백을 하고 싶을 때는 사전에 엔지니어에게 정중히 동의를 구하셔야 합니다. 왜냐하면 회중으로 나가는 소리에 대한 책임은 1차적으로 엔지니어에게 있기 때문에, 엔지니어와 사전 동의가 되지 않은 채 무리한 피드백을 할 경우 실례가 될 수 있습니다. 한

편 무대 위에서의 모니터링은 전적으로 음악 팀에게 결정 권한이 있습니다. 그렇기 때문에 엔지니어는 음악 팀의 모니터에 대한 피드백과 요청에 최대한 협조해야 합니다.

교회에서 가장 껄끄러운 관계 중에 하나가 바로 엔지니어와 예배 음악 사역 팀 사이의 관계입니다. 이러한 상호간의 이해를 전제로 사전에 소통의 질서를 지혜롭게 세우는 것이 엔지니어와 음악 팀 사이에 발생하는 갈등을 줄이는 지름길입니다. 예를 들어 단체 메시지 방에 초대한다거나 모임이나 식사를 함께할 경우 소통에 많은 도움이 됩니다.

4) 싱어 마이크 테스트

악기 점검이 끝나면 싱어 마이크 테스트를 진행합니다. 리허설이 진행될 때 싱어는 반드시 실제 예배 때에 부르는 목소리 크기로 노래를 부르면서 음향을 체크해야 합니다. 부끄럽다고 목소리를 작게 내면서 음향 체크를 했다가 막상 예배 중간에 갑자기 나도 모르게 큰 소리를 내면 엔지니어뿐만 아니라 다른 파트의 멤버들도 당황하게 됩니다.

제대로 소리를 내야 내 목소리가 저음이 많은 편인지, 날카로운 편인지 등의 특징을 미리 파악할 수 있습니다. 그래야 엔지니어가 여러 상황에 즉각 대처할 준비를 할 수 있습니다. 그렇게 전체 파트의 소리를 각자 맞춘 후에는 악기와 싱어의 전체 소리의 균형을 잡고, 혹시나 잡음이 생기는 곳이 없는지를 세세하게 체크합니다.

5) 연습

가끔 어떤 팀은 무대 리허설을 할 때 전체 곡을 다 연습하는 경우가 있는데, 이것은 한편으로 사전 준비가 미흡했다는 것의 반증일 수 있습니다.

반드시 음향 리허설 전에 음악 연습을 어느 정도 마무리하고 무대에 서야 합니다. 음향 리허설은 전체 음향을 체크하고 나서 전체 콘티의 주요 부분들만 따로 선별해서 점검하는 시간입니다.

가장 먼저 점검해야 할 것은 서로 가진 악보가 혹시나 틀린 부분은 없는지 가사, 코드, 리듬을 점검합니다. 그리고 다음으로 곡이 시작되는 인트로에서 벌스로, 그리고 벌스에서 후렴으로 넘어가는 연결 부분의 코드 진행이나 필 인fill in(드럼이나 다른 악기들이 연주를 자유롭게 채워 넣는 부분)을 확인합니다. 앙상블에서 가장 중요한 부분 중 하나는 바로 이런 연결 부분을 함께 잘 채워 넣기 위해 각자의 역할을 잘 정리하는 것입니다.

또한 곡 안에서 키 업key up(한 키를 올려 부르는 것)과 같이 변화되는 부분을 맞추어 봅니다. 마지막으로 함께 코드와 리듬을 정확히 맞추어야 할 부분도 점검합니다. 그리고 곡과 곡사이의 연결을 점검합니다.

예배를 진행하는 도중에 팀원들과 소통할 때는 수신호나 사인에 대한 협의가 필요합니다. 예를 들어 벌스는 손가락 하나로, 후렴은 손가락 두 개, 브릿지는 손가락 네 개, 마무리는 주먹을 쥐고, 곡이 넘어갈 땐 손바닥을 가볍게 뒤집는 식의 수신호를 정해 놓아도 좋습니다. 물론 적절한 멘트로 곡의 순서를 팀원들에게 알려도 좋습니다.

그렇게 최종적으로 리허설이 마무리되면 리더는 연습을 마무리하는 전후로 전체 곡의 순서나 느낌을 다시 한 번 팀원들에게 설명해 줍니다. 혹시 보완이 필요한 부분이 있다면 보충 설명을 한 후에 반드시 기도로 리허설을 마무리합니다. 리허설은 예배 시작 전에 급하게 마치지 않도록 항상 여유를 두고 하는 것이 좋습니다.

몸의 기억에
맡긴다

리허설을 아무리 잘 준비한다고 해도 예배 중에는 한두 가지 이상 크고 작은 실수가 항상 나오게 마련입니다. 그래서 팀원들은 아무리 연습을 많이 해도 항상 긴장을 하고 예배를 시작합니다. 찬양 인도자는 그런 팀원들의 마음을 잘 이해하고 전체 팀 분위기가 너무 경직되지 않고 적절한 편안함을 가질 수 있게 이끌어야 합니다. 기술적인 이야기보다는 예배의 마인드를 점검하고 격려와 응원을 아끼지 않아야 합니다. 그리고 무엇보다도 기도로서 팀원들과 긴장된 마음을 풀어야 합니다.

음악은 생각하는 대로 되는 것이 아니라 **몸에 익혀진 대로** 하게 된다는 사실을 기억합시다. 충분히 연습한 이후라면 염려보다는 몸의 기억에 맡긴다는 열린 마음으로 예배에 임해야 합니다. 연습한 것 이상으로 음악을 지나치게 잘하려고 하는 것은 욕심입니다. 음악을 잘하고 싶은 마음이 너무 크다 보면 오히려 음악을 하는 데 방해 요소가 되고 음악에 지나치게 힘을 주어 경직되게 만듭니다.

연습한 만큼 음악이 나오면 감사한 것입니다. 하지만 연습한 만큼 음악이 나오지 않으면 그때 주어진 숙제를 다음에 잘 풀면 됩니다. 다른 음악가와의 경쟁 심리도 음악적 발전에 분명히 도움이 되지만, 궁극적으로 음악은 무엇보다 나 자신과의 싸움입니다. 어제의 나를 돌아보고 조금 더 나은 오늘의 음악을 잘 연주하겠다는 마음가짐은 음악을 더욱 건강하고 따뜻하게 만들어 줍니다.

실습 및 적용

❶ 앞에서 소개된 순서대로 최종 리허설을 진행한 후 팀원들과 피드백을 나누어 봅시다.

순서	좋았던 점	아쉬웠던 점	개선해야 할 점
무대 동선 체크			
리더 마이크 테스트			
악기 테스트			
싱어 마이크 테스트			
연습			

❷ 함께 부르고 싶은 찬양을 팀원들이 각자 한 곡씩 선곡해서 선곡 이유를 30초 이내의 멘트로 정리하여 적어 본 후 서로 나누어 봅시다.

그 한사람
예배자에게

chapter 9

시혜적 문화 사역에서
호혜적 문화 사역으로

한국 교회 선교의 초기 역사 가운데 빼놓을 수 없는 중요한 사실이 하나 있습니다. 의료, 교육, 복지 등의 분야에서 많은 전문인 선교사가 선교의 장을 열었다는 것입니다. 문화 사역 분야에서는 YMCA, YWCA 같은 선교 단체들이 농구나 야구, 음악 등을 통해 사람들이 일상에서 쉽게 기독교에 다가 갈 수 있도록 길을 터 주었습니다. 또한 성경을 한글로 보급하는 일이나 찬송가를 편찬하는 일 등은 당시 문맹의 서러움이 있던 서민들에게 한글 교육과 음악 교육의 장을 함께 열어 주는 효과를 가져 왔습니다.

이런 초창기의 문화 사역들은 우리나라 현대 문화의 기틀을 마련하는 데 적지 않은 역할을 했습니다. 그리고 더 나아가 국채 보상 운동 등의 민족적 아픔을 치유하는 운동으로까지 확장되었습니다.

이러한 한국 교회 초기의 문화 선교 사역은 낙후된 당시의 사회적 상황을 고려했기 때문에 일방적으로 도움을 베풀어 주는 일종의 '**시혜적**施惠的 **사역**'의 성격이 컸습니다.

시혜적 문화 사역의
그림자

한국 교회가 급속한 양적 팽창을 이룬 1970년대부터 문화 사역은 급속한 성장을 경험하게 되었습니다. 1960년대까지 주로 서구의 찬양을 번안하여 부르다가 창작곡들이 대거 새롭게 등장하기 시작했습니다. 정신여고 노래 선교단, 늘노래 선교단, 예수전도단 등 한국 교회 현대 기독교 음악의 시초라고 할 수 있는 팀들이 바로 이 시기에 활동하기 시작했습니다.

교회에서는 **문학의 밤**이나 **성가 발표회**라는 이름으로 연극과 음악 등의 다양한 문화 활동이 이루어졌는데요. 이를 통해 비그리스도인들이 교회에 나오거나 같은 지역의 교회들이 서로 교류하는 계기가 마련되었습니다. 이런 사역들은 특별한 문화 활동이 많지 않았던 당시 젊은이들을 향한 선교적 통로의 역할을 톡톡히 감당하였습니다.

1980년대에 들어 한국 교회의 문화 사역의 장은 더욱 넓어져 갔고, 1990년대에 이르러 절정에 이르게 되었습니다. 교회 문화는 전문화와 고급화 과정을 거치면서 새 가족 초청을 위한 찬양 사역자와 기독교 연예인 초청, 성도들과 지역 주민들을 위한 카페 및 문화 강좌 등을 형성하게 되었습니다. 하지만 시간이 지나면서 양질의 문화 프로그램들이 교회 밖에서도 쏟아져 나왔고, 다양한 소셜 네트워크 활동이 활발해지면서 사람들은 더 이상 문화적 혜택을 누리기 위해서 교회에 의존하지 않게 되었습니다.

공교롭게도 최근에 많은 교회는 문화 사역에 대한 관심보다는 오히려 그간 교회에 생긴 문제에 집중하게 되었는데, 그 문제의 원인을 말씀과 신앙의 본질에 집중하지 못한 채 외형적 성장에만 치우쳐서 본질을 놓쳐 버린 것에서 찾았습니다. 그래서 단회성의 문화 행사보다는 제자 훈련과 성경 연구 등의 양육 프로그램에 더욱 집중하거나 건강한 공동체 모델이나 선교 프로그램 개발에 더욱 힘을 쏟았습니다.

이런 변화는 비단 국내뿐만 아니라 해외 선교에서도 나타나고 있습니다. 변화하고 있는 선교 현장의 상황을 고려하지 않고, 10-20년 전에 사용되었던 문화 콘텐츠들이 여전히 그대로 사용되고 있는 것에 대한 불만이 점점 높아지고 있습니다. 오늘의 사역 현장에는 일방적인 선진 문화의 공급이나 물질적 도움보다는 선교 현장에 대해 함께 머리를 맞대고 고민하는 한 사람의 동역자가 필요합니다. 현지의 사역자들은 제아무리 전문적인 선교 사역이라 할지라도 단회성의 사역이 아닌 현지의 상황을 고려한 지속 가능한 사역으로의 전환을 요구하고 있으며, 그런 사역을 감당할 수 있는 현지 리더를 세울 수 있는 체계적인 교육을 요청하고 있습니다.

이러한 변화 속에서 문화 사역자들은 자기반성과 노력에 힘쓰고 있는 교회의 모습을 자세히 살펴보며 배워야 합니다. 지금은 진정한 갱신을 위해 몸부림치는 교회의 대열에 보다 낮은 자세로 합류하여 진정성 있는 자기 성찰의 시간을 함께 보내야 할 때입니다. 이제 더 이상 한국 교회의 문화 사역이 시혜적 영역에만 머무는 것이 아니라, 서로 동등한 입장에서 도움을 주고받으며 함께하는 '**호혜적**' 互惠的 영역으로 확대되어야 합니다.

크리스텐덤(Christendom) 세계관에서
벗어나야 할 문화 사역

여기에서 우리가 돌아보아야 할 것은 종교 개혁 이후에도 우리는 여전히 중세 교회의 잘못된 이원론적 가치관의 흔적을 완전히 지워내지 못했다는 사실입니다. 서구 교회의 크리스텐덤[9] Christendom 세계관이 한국 교회에도 그동안 동일하게 영향을 주었습니다. 그 대표적인 예가 바로 1980년대에서 1990년대까지 대형 선교 단체를 중심으로 교회들 사이에 영향력 있는 선교 개념으로 포장되었던 '고지론'[10]입니다.

슬프게도 그동안의 한국 사회를 살펴볼 때, 그리스도인들이 사회의 중요한 위치를 차지하면 한국 사회가 건강하게 변할 것이라는 순진한 기대는 철저하게 무너졌습니다. 오히려 정치, 경제의 중심에 서 있었던 많은 기독교인이 한국 사회를 오염시키는 원흉으로 지목받고 있는 아픈 현실을 우리는 부인할 수 없습니다. 급격한 교회 인구 감소와 영적 침체, 줄어드는 사회적 영향력 등을 볼 때 한국 교회는 더 이상 세상의 주류에 서 있는 것이 아니라는 사실을 어느 정도 인정해야 합니다.

---

[9] 크리스텐덤은 "Christ+Kingdom"이라는 의미를 가진 신조어로서, 기독교가 로마 제국의 국교화로 공인된 이후부터 서구 사회의 정치적, 사회적 중심으로 군림하면서 생겨난 사상이다. 성지 '예루살렘의 회복'이라는 빌미로 정복 전쟁을 일으킨 십자군 운동이나 황제 위에 군림하는 교황과 같은 기형적 세계관이 뿌리가 되는 개념이라고 할 수 있다.

[10] 고지론은 사회 각 계층의 고지에 그리스도인들이 올라가서 사회에 전반적인 영향력을 발휘하게 되면 사회가 변할 것이라는 신앙 이론이다.

하지만 이것을 복음과 교회가 실패한 것으로 규정해서는 안 됩니다. 오히려 이 '주변의 자리'는 자신을 낮추어 베들레헴 말구유에 오셨던 예수님의 자리와 같은 곳이라고 생각해야 합니다. 문화 사역 또한 이런 교회의 현실을 직시하여 적절한 전략을 고민해야 하는 시기가 온 것입니다. 우리는 이러한 사실을 냉정하게 인정하고 돌파구를 마련하여야 합니다.

플랫폼 사역으로의
변화

이미 교회뿐만 아니라 세상의 문화 콘텐츠도 시혜적 개념에서 호혜적 개념으로 커다란 변화를 겪고 있습니다. 높은 제작비를 투자하여 기획, 제작된 최고급 콘텐츠는 앞으로도 여전히 소비자들에게 지속적인 영향력을 행사할 것입니다. 하지만 이제 유튜브나 페이스북 등의 SNS 플랫폼에서는 자신만의 확실한 색깔을 가진 1인 크리에이터들도 저비용, 고효율의 콘텐츠를 만들어 큰 인기를 얻고 있습니다. 오히려 이런 흐름을 타고 기존 공중파 방송이 1인 크리에이터나 인터넷 방송의 포맷을 그들의 콘텐츠 제작에 도입하는 역전 현상이 일어나고 있습니다. 1인 크리에이터는 이제 많은 청소년들의 희망 직업 중 상위를 차지하고 있습니다.

기독교 음악 콘텐츠 역시 최소의 제작 환경으로 기존에 있던 곡을 커버하는 영상을 제작하거나, 아마추어와 프로의 경계에 선 많은 음악인이 저마다의 색깔로 다양한 연주와 교육 콘텐츠를 제작하고 있습니다. 실질적으로 예배 섬김에 필요한 개인의 노하우를 보여 주면서 개교회 연주자들의 실질적 필요를 구체적으로 채워 주고 있습니다.

전 세계적으로 영향력 있는 여러 기독교 음악 사역 팀은 고급 문화 콘텐츠를 제작하여 온오프라인을 통해 제공할 뿐만 아니라 여러 상황에 맞는 다양한 패턴 연주가 가능하도록 음악을 재편곡하는 등 실제 지역 교회들의 수준과 필요에 맞는 다양한 콘텐츠를 제공하고 있습니다. 그리고 전 세계에 기독교 문화 콘텐츠 교육을 원하는 이들에게 유튜브 채널을 통해 무료 공개 강의와 유료 강의 플랫폼을 따로 개설하여 제공하고 있습니다.

비록 우리의 사역 환경에서는 이들처럼 높은 퀄리티의 콘텐츠를 기대하기란 쉽지 않겠지만, 그래도 우리 주변에서 쉽게 접할 수 있는 문화 사역을 한번 찾아볼까요? 어쩌면 전도 집회나 단기 선교에서 많이 사용되는 무언극이나 댄스가 바로 그 대표적인 예라고 할 수 있습니다. 또 예배와 그룹 모임을 개인 방송으로 중계하는 방식은 굳이 높은 퀄리티를 갖추지 않아도 비슷한 환경에 놓인 다른 분들에게 충분히 좋은 참고 자료가 될 것입니다. 또한 서로 다른 나라의 찬양을 하나의 플랫폼에서 공유해서 함께 부를 수 있다면 어쩌면 그동안 상상하지 못한 놀라운 일이 벌어질 수도 있습니다.

특히 사역의 자립을 원하는 선교지들은 더 이상 일방적으로 받기만 하는 사역에 머물고 싶어 하지 않습니다. 그들은 함께 참여하고 실천하며 자신들이 받은 바를 지역 사회에 다시 실천하고 베풀 수 있는 기회를 간절히 바라고 있습니다. 이 단계에서는 그들이 사역을 스스로 끌어갈 수 있도록 장기적인 관점에서 사역에 대해 현지와 조율해야 합니다.

이제 한국 교회의 문화 사역은 단순한 보여 주기 식의 퍼포먼스 사역이 아니라 지역 주민들과 함께 일상의 삶을 나누는 **총체적인 문화 선교**로까지 이어져야 합니다. 문화 사역은 단순히 고급 문화라는 그릇에 복음을 담아서 저급 문화를 가진 비그리스도인들에게 문화적 혜택을 제공하는 것이 아닙니다.

오히려 오늘날 현대의 교회와 그리스도인들이 가지고 있는 결핍을 겸손히 인정할 때, 비로소 세상은 '우리'라는 질그릇에 담긴 예수를 발견할 수 있을 것입니다. 높은 곳에서 울리는 소리가 아닌 깊은 골짜기를 울리는 소리가 필요합니다. 만일 우리가 강이라면 내게로 흘러들어 오는 물을 다른 곳으로 흘려보내기 위해 우리는 높아지는 것이 아니라 오히려 낮아져야 합니다. 우리는 사람과 사람의 마음 사이에서 일하시는 하나님의 통로가 되어야 합니다.

호혜적 문화 사역자
예수

문화란 우리가 먹고 입고 사는 모든 것입니다. 우리가 제작하고 사용하는 문화 콘텐츠에는 기본적으로 우리가 살아가는 모든 삶의 이야기가 담깁니다. 문화 사역자들은 그것을 성경적으로 담을 수 있는 좋은 그릇을 만들어서 예수 그리스도를 그 모든 이야기에 담아내어 세상과 소통하고자 하는 사람들입니다.

이러한 선교적 삶의 대표적인 모델은 바로 예수 그리스도이십니다. 예수님은 아기의 몸으로 이 땅에 오셔서 인간의 육체적, 정신적 성장을 친히 경험하시며 아기에서 성인으로 자라나셨습니다. 바로 선교의 대상인 우리의 언어와 삶을 그렇게 **배우셨습니다**. 예수님은 하늘의 메시지를 그렇게 우리의 '삶'이라는 그릇 안에 담아내셨습니다. 예수님은 선교적 삶을 통해 단순히 구원을 베푸시는 시혜적 사역이 아니라 구원이 필요한 이들과 함께 살아가며 때론 그들의 도움을 받으며 그들과 구원의 복음을 공유하는 호혜적 사역을 감당하셨습니다. 그렇기 때문에 예수님의 십자가 메시지가 더욱 강렬하게 우리 삶 속으로 더욱 깊이 침투할 수 있었다는 것을 우리는 기억해야 합니다.

예수님의 삶은 가장 훌륭한 문화 선교의 모델입니다.

실습 및 적용

❶ 우리의 사역 중에 시혜적 사역에 속하는 것이 있다면 그 사역이 주는 장점과 단점에 대해 함께 나누어 봅시다.

❷ 현재 우리 교회가 가지고 있는 현실 상황 속에서 우리가 할 수 있는 호혜적 사역은 무엇인지 함께 나누어 봅시다.

그 한 사람
예배자에게

epilogue
그 한 사람에게

우리가 흔히 이상적으로 그리는 예배의 이미지가 있습니다.

　최고의 입지에 위치한 예배당, 고급스럽고 세련된 디자인의 강단과 회중석이 지금 여러분의 뇌리에 자연스레 떠오르진 않나요? 우리 교회 성도들과 꼭 한 번 함께 부르고 싶은 최신 트렌드의 찬양 연주가 가능한 음악팀, 그리고 영적으로 준비된 최고의 청중을 떠올려 봅시다. 많은 예배 음악 사역자들에게 이런 이상적인 모습은 마치 한 컷의 사진처럼 뇌리에 **각인**되어 있습니다.

　그런데 만일 그런 이상적인 이미지와는 전혀 맞지 않는 예배 현장에 맞닥뜨린다면 어떨까요? 우리는 자기도 모르게 그 상황을 이상적인 이미지에 맞추기 위해 안간힘을 쓰게 될 것입니다. 혹시나 그 이미지에 도달하지 못하게 되면 우리는 마치 예배에 실패한 자들처럼 느끼기도 합니다. 이렇게 우리의 카메라 속에 잡힐 법한 장면은 어쩌면 예배 음악 사역자들이 버려야 할 가장 큰 신기루일지도 모릅니다.

　이제 우리 예배는 스크린이나 텔레비전에서 중계되고 있는 이상적인 화면에서 벗어나야 할 때입니다.

물론 공적인 예배는 일상성을 벗어난 특별한 의식입니다. 왜냐하면 공간과 시간을 따로 특별히 구별해서 드리기 때문입니다. 하지만 기독교 역사를 보면 예배와 일상이 지나치게 **분리**될 때 수없이 많은 왜곡과 변질이 일어났습니다. 중세 교회의 예배는 대규모로 커지고 정교하고 고급스럽게 설계됩니다. 결국 예배의 **고급화**와 예술적 가치에만 지나치게 **집착**하다가 결국 회중들이 따라 부르기에도 어려운 다성 음악이 등장했고, 사제들이 사용하던 라틴어 성경이 각 나라의 자국어로 제대로 번역되지 않아서, 대부분의 성도는 성경을 직접 읽고 이해할 수 없어 사제들에게 의존해야만 했습니다.

이러한 현상이 어디 중세 교회뿐이었겠습니까? 오늘날 교회 타락의 큰 원인 중에 하나는 바로 '**예배와 일상**', '**앎과 삶**'의 분리라고 할 수 있습니다. 그리스도의 몸으로써 분명한 방향과 목적을 가진 본질적, 사명적 공동체로서의 교회가 아니라, 신앙생활의 여러 요소를 개인의 취향에 따라 선택할 수 있는 소비적 형태의 교회로 변질되고 있습니다. 정말 안타까운 마음을 금할 수가 없습니다. 이런 상황에서는 당연히 예배와 일상의 거리는 점점 더 멀어질 수밖에 없습니다.

예수님은 3년의 공생애 기간에 비해 거의 10배에 가까운 30년이라는 긴 시간을 우리와 함께 '그저' 사셨습니다. 하지만 여기서 **30년**이라는 시간은 예수님의 공생애와 비교할 때 그저 의미 없이 허비된 시간이 결코 아닙니다. 성경에 기록되지 않은 예수님의 보이지 않는 일상은 성경에 기록된 보이는 말씀의 의미를 더욱 깊게 해준다는 것을 우리는 부인할 수 없습니다. 예수님의 공존, 공감, 학습의 삶과 사역은 그리스도인으로서 우리가 어떻게 일상을 살아 내며 사역해야 하는지를 가르쳐 줍니다.

예수님은 말씀이십니다. 말씀 되신 예수님이 **육신이 되어** 우리 가운데 오셨습니다. 그렇게 예수님의 말씀은 일상의 옷을 입으셨습니다. 예수님이 어린 시절부터 친구들과 함께 오르던 동산에서부터 하늘을 나는 작은 새와 이름 없는 들풀, 폭풍우 치는 호수와 바다, 길가에 핀 꽃들과 나무들과 누렇게 익은 곡식과 열매가 말씀의 재료였습니다. 시장에서 아이들의 뛰어 노는 소리, 어느 가련한 여인의 한숨 섞인 넋두리, 억울한 일을 당한 이들의 호소, 병들고 무너진 삶을 사는 이들의 힘겨운 눈물과 절규……. 오죽하면 신약 성경이 당시 시장에서 일하는 서민들이 흔히 사용하던 코이네 헬라어로 기록되었을까요?

그렇게 예수님의 말씀 속에 한가득 배어 있는 일상의 흔적은 30년 동안 예수님이 얼마나 치열하게 '우리'가 되셔서 '우리'를 살아 내셨는지를 알게 해줍니다. 그 긴 **그저 있음**의 사역 후에야 비로소 예수님은 우리에게 무언가를 말씀하시고 무언가를 하기 시작하셨습니다. 그것은 '너'와 '내'가 아닌 바로 '우리'의 일이었습니다. 이것이 예수님이 우리에게 삶으로 보여 주신 가르침입니다.

일상이 담겨 있지 않은 예배는 상상할 수 없습니다. 말씀이 육신이 된 예수님의 존재 자체를 생각해 보면 예배와 일상은 본질적으로 연결되어 있습니다. 하나님이 사람이 된다는 것은 어쩌면 인간을 사랑하시는 하나님과 그 아들 예수님의 사랑에서부터 나온 인류 역사상 가장 창의적인 아이디어라고 할 수 있습니다. 우리가 상대에 대한 사랑의 마음이 깊어질수록 상대를 더욱 세밀하고 창의적인 방법으로 사랑할 수 있게 되는 것이 바로 이런 창의성과 무관하지 않을 것입니다.

만일 음악가가 음악을 듣는 이를 향한 사랑이 깊지 않다면, 그 음악은 결코 듣는 이와 진심으로 연결될 수 없을 뿐만 아니라 그들의 일상과도 제대로 연결될 수 없습니다. 우리 음악이 아무리 화려하고 완성도가 높다 할지라도 고린도전서 13장의 고백처럼 사랑이 없는 음악은 울리는 꽹과리처럼 시끄러운 소음밖에 안 될 것입니다.

여러분은 어떤 예배 음악을 꿈꾸시나요? 음악성이 탁월하고 지금까지 한 번도 들어 본 적이 없는 창조적인 음악을 꿈꾸나요? 아니면 남녀노소 모두 쉽게 따라 부를 수 있는 대중적인 음악을 꿈꾸나요? 물론 이 두 가지 요소를 다 갖추면 좋겠지만, 이 둘 중에 하나만 충족하더라도 충분히 좋은 음악이라고 생각합니다.

하지만 개인적으로 좋은 음악의 첫 번째 조건을 꼽으라면 바로 생명력을 가진 음악이라고 생각합니다.

비록 유명하지 않고 음악적인 수준이 높지 않은 음악이라 할지라도, 그 음악이 연주하는 이에게나 듣는 이에게 생명력을 전할 수 있다면 그보다 더 좋은 음악이 어디 있겠습니까?

사마천의 「사기」를 보면 "복숭아나무와 오얏나무(자두나무)는 말이 없어도 그 아래 저절로 길이 난다桃李不言下自成蹊"라는 격언이 나옵니다. 이 격언을 생각해 보면 우리가 걷는 이 길이 태초부터 어떻게 생겨났을까를 상상하게 됩니다.

맛있는 나무 열매가 있는 곳,

사랑하는 사람이 있는 곳,

생명의 위협이 없는 곳

그렇게 생명을 좇아 걷다 보니 모르는 사이에 길이 만들어진 것입니다.

먼저 길이 나 있어서 그 길을 따라 집을 짓거나 과일 나무를 심은 게 아닙니다. 생명의 향기를 따라 걷는 이들의 한 걸음 한 걸음이 모여 새로운 길을 만들었습니다. 생명이 먼저이고 길은 생명의 결과입니다.

예수님이 그러하셨습니다. 온 우주를 창조하신 창조주께서 평생 발을 붙이고 사신 곳은 이스라엘 땅이 전부였습니다. 강대국의 광활한 영토가 아니라 한 작은 식민지 국가의 한 귀퉁이 지역에만 자신의 삶을 묶어 두셨습니다. 예수님께 중요한 것은 사람들에게 널리 알려지는 것이 아니었습니다. 예수님은 거대한 조직이나 건물을 세우지 않으셨습니다. 그분은 십자가의 죽음으로 생명을 살리는 것에 자신의 모든 것을 걸었습니다. 결국 십자가의 생명력 앞으로 사람들은 몰려 들었습니다. 그리고 꼭꼭 감춰졌던 진리는 모든 이에게 드러났습니다. 지금도 여전히 구원받아야 할 백성들은 그 진리의 빛으로 변함없이 찾아오고 있습니다.

초대 교회의 예배를 생각해 봅시다. 아무리 꼭꼭 숨겨진 비밀의 방에서 은밀하게 드려지는 작고 초라한 예배라 할지라도 생명의 허기를 느낀 이들은 기어코 그 예배를 찾아 냈습니다. 그리고 그곳으로 향하는 참된 길이 생겨났습니다. 예배와 예배자들 사이에 만들어진 그 길은 그들이 가로지르며 살아가는 그들의 일상을 생명력으로 채우며 변화시켰습니다. 그러한 예배와 일상의 연결은 하나님을 떠나 일상에서 헛된 예배에 빠진 우상숭배자들을 참된 예배와 예배자로 부르셨습니다.

길을 잃어버린 다음 세대를 위해 진정 필요한 것은 생명력을 가진 예배와 예배자입니다. 로마서 12장 1-2절에서 언급한 것처럼 예배와 일상의 변화는 결코 뗄 수 없는 생명의 연결 고리입니다. 예배가 일상과 맞닿아 있어야만 우리는 아름다운 일상의 변화의 열매를 맺습니다.

지금은 변혁의 시대입니다. 이미 밑그림이 그려진 종이가 아니라 백지 위에서 자유롭게 꿈꾸십시오. 혁신은 중심이 아닌 주변에서 시작됩니다. '진리'는 누가 뭐래도 있는 그대로 '진리'입니다. 포스트모던은 오히려 우리에게 소통의 기회가 될 수 있습니다. 바로 그대에게 미래를 여는 열쇠가 있습니다. 여러분의 상상력을 믿으십시오.

요즘 목양에 전념하고 있는 제가 가장 자주 듣는 질문이 있습니다.

"목사님, 이제 음악 안 하실 거예요?"

사실 이전에 저는 이 질문에 선뜻 대답하기가 쉽지 않았습니다. 하나님이 나를 목회자로 부르셨는지 음악가로 부르셨는지가 늘 가장 큰 고민이었고 스트레스였습니다. 어떤 선배 목사님들은 언제까지 음악만 할 거냐고 말씀하시며 이제는 목회에 올인해야 할 때라고 저를 채근하시기도 했습니다. 반대로 어떤 동료 음악가들은 왜 계속 음악가의 길을 걷지 않느냐고 아쉬워했습니다. 그 둘 사이에서 저는 매우 혼란스러웠습니다.

그렇게 저는 한참 동안 음악과 목회를 병행하면서 수많은 고민 속에 새롭고 낯선 길을 경험했습니다. 그 당시에 저와 같은 고민에 빠진 후배들이 찾아와 질문했지만, 저는 그들에게 뾰족이 해줄 말이 없었습니다. 하지만 이제 이 질문에 대한 제 나름의 해답을 찾은 것 같습니다.

"아뇨, 저 음악 할 겁니다."

저는 40대 중반이 되면 음악을 그만두어야겠다고 생각한 적이 있습니다. 그때가 음악의 트렌드를 더 이상 따라잡지 못해 작곡의 창의성을 상실하게 될 때라고 생각했던 것 같습니다. 성대는 늘어지고 비브라토의 굴곡도 심해져서 제가 부르는 노래를 스스로도 너무 듣기 싫어질 것이 두려웠습니다.

하지만 이 두 갈래의 길 사이에서 깨달은 사실은 하나님은 저를 **목회자**로도 부르셨고, **음악가**로도 부르셨다는 사실입니다. 내가 음악을 주된 직업으로 삼지 못할 수 있지만, 그럼에도 나는 여전히 노래할 수 있는 음악가라는 사실입니다(물론 이 부분에서 음악을 생업으로 삼으신 분들의 경우까지 일반화하여 말씀드리고 싶지는 않습니다).

예배는 예술적 가치를 지닌 퍼포먼스입니다. 설교, 찬양, 성찬, 세례, 회중들의 움직임, 사역자들의 태도와 몸짓, 그 외의 많은 예전 도구까지 예배는 하나님을 이야기하고 높이는 예술적 가치들로 가득합니다.

저는 예배 예술을 디자인하는 예술가로 평생 살아갈 것입니다.

또한 우리는 하나님이 주신 달란트로 일상에서 하나님을 표현하고 전달할 수 있습니다. 그것이 노래든지 연극이든지 어떤 방법으로든지 우리는 하나님을 다양한 방법으로 이야기할 수 있습니다. 비록 객관적인 완성도와 숙련도에서 최고의 퀄리티를 이룰 수 없다 할지라도, 우리는 하나님께 합당한 예배를 드리기 위해 최선의 노력을 다해야 합니다.

그래서 저는 죽을 때까지 노래하고 싶습니다. 성대가 늘어지고, 전혀 새로울 것이 없는 촌스런 멜로디와 가사라 할지라도 말입니다. 내 평생의 삶에 새겨 주시는 그 사랑의 흔적을 노래할 수만 있다면, 비록 세상 누구도 듣지 않고 오직 하나님만 들으셔도 이에 굴하지 않고 하나님을 향해 노래 부르고 싶습니다.

저는 그렇게 목회를 하든지 음악을 하든지 최선을 다해 하나님의 사랑을 이야기하는 예술가로 살다가 하나님 곁에 서고 싶습니다. 그렇게 일상이 예배가 되고 예배가 일상이 되는 꿈, 노래가 삶이 되고 삶이 노래가 되는 꿈을 끝까지 포기하고 싶지 않습니다.

이런 해답 때문에 저는 앞으로 제가 어떤 삶을 살아야 하는지에 대해 더는 혼란스러워 하지 않아도 될 것입니다. 예술가로서뿐만 아니라 누구보다 말씀을 깊이 연구하고 하나님과 성도들을 진심으로 사랑하는 목회자가 되고 싶습니다. 목회자로서 설교를 준비하는 시간과 성도들과 만나 교제하는 시간은 저 개인적으로 가장 행복하고 즐거운 시간입니다.

그런데 제 삶에 던져졌던 앞선 질문은 단지 목회자들만을 위한 것일까요? 이 책을 읽으시는 분들 중에는 저와 같은 꿈과 고민을 품고 각자에게 주어진 예배의 자리를 섬기시는 분이 많으리라 생각됩니다. 각자의 교회에 주어진 상황 속에서 하나님을 향한 뜨거운 열정으로 각 교회의 예배를 아름답게 세워가는 여러분의 모습이 눈에 선합니다. 여러분이 어떤 파트에서 예배 사역을 하든지, 자신이 하나님의 사랑을 이야기하는 예술가라는 사실을 잊지 마시기를 바랍니다.

음악을 하는 이들이 가진 큰 소원 중 하나는 내가 만든 음악이 수많은 사람에게 불리는 것입니다. 저는 CCM 사역자로 활동하면서 나름대로 성공을 경험했습니다. 스물한 살 때 쓴 〈주만이〉라는 곡이 많은 사람에게 알려졌고, 그 곡은 CCM 차트에서 오랫동안 상위권을 유지했습니다. 그 후에 '소망의 바다'라는 이름으로 1집을 발매했지만, 주목받는 신인이라는 전문가들의 평가와는 달리 그 앨범은 흥행에서 참패했습니다. 저는 큰 좌절에 빠지게 되었습니다.

그렇게 와신상담 중에 발매한 '소망의 바다' 2집이 〈하늘 소망〉이라는 곡 덕택에 큰 히트를 치게 되었습니다. 그 덕에 '소망의 바다'는 CCM계에서 유명해졌고 바쁜 나날을 보내게 되었습니다. 그럼에도 제 안의 고민은 여전히 끝나지 않았습니다.

'내 인생에 이런 성공과 실패는 앞으로도 끊임없이 반복될 텐데, 그렇다면 진정한 성공이란 무엇일까?'

그렇게 고민하다가 저는 〈그분의 길을 간다는 것은〉이라는 곡을 쓰게 되었습니다.

그분의 길을 간다는 것은

그분의 길을 간다는 것은
때론 한치 앞도 어둠이 막막한
그때도 여전히 숨 쉬고 있는
주 소원으로 내 소망 채우는 것

그분의 길을 간다는 것은
때론 감당 못할 승리의 기쁨
그때도 여전히 변함이 없는
주 겸손함으로 내 욕심 버리는 것.

때론 너무 힘에 겨워 가끔씩 뒤돌아보고플 때마다
늘 언제나 변함없이 날 붙드시고 함께 가시는 주님.

그런데 마치 이 노래가 예언이라도 한 것처럼 '소망의 바다' 3집은 2집 보다 그리 성공적인 결과를 거두지 못했고, 그 후에 낸 앨범은 흥행에서 참패를 맛보며 '소망의 바다' 사역 역시 점점 줄어들게 되었습니다. 그리고 저는 그 후에 교회 사역으로 발걸음을 옮기게 되었습니다.

당시 저의 마음은 패배감으로 가득했습니다. 자존심도 많이 상했습니다. 현실 도피 혹은 생존을 위한 선택으로 목회를 선택한 것은 아닌지 싶어 목회를 하면서 자괴감에 빠지기도 했습니다. 대접받기에만 익숙했던 무대 위의 삶과 전혀 반대되는 교회 사역에 좀처럼 익숙해지지 않아 힘든 시절을 보내기도 했습니다.

때론 운전대를 붙잡고 하나님을 향한 원망을 쏟아 부으며 울부짖던 적도 있었습니다. 그 순간마다 저는 제가 쓴 곡들을 다시 꺼내어 불렀습니다. 그때마다 옛 추억이 생각나기도 하고, 가끔 그때로 돌아가고 싶기도 했습니다. 이 노래도 그 노래들 중에 하나였습니다.

하지만 놀랍게도 하나님은 이 노래를 통해 저를 위로하고 토닥이며 함께 걸어 주셨습니다. 그런 하나님을 느낄 때마다 저는 하나님께서 이 노래 속에 저도 모르게 미리 숨겨 두신 새로운 의미를 발견하게 되었습니다. 요즘에서야 저는 그때 주님이 저의 노래 속에 숨겨 두신 의미를 발견하고 그 기쁨에 몹시 행복합니다.

예술가는 순간의 성공과 실패, 사람들의 환호성과 외면에 자기 정체성을 두어서는 안 됩니다. 그러다 보면 자기 작품과 자신을 동일시해 그 성패에 따라 끊임없이 교차하는 열등감과 우월감의 롤러코스터 속에 헤맬 수 있습니다. 적어도 그리스도인이라면 작품이 규정하는 내가 아니라 하나님이 규정하시는 내가 누구인지 끊임없이 묻고 답을 해야 합니다.

막상 글을 마무리하려고 하니 처음 글을 쓰기 시작할 때 말씀드린 제 개인적인 바람이 떠오릅니다. 예배 음악 사역 현장을 곁에서 돕고자 하는 저의 진심이 잘 전달될지 염려되기도 하고, 한편으론 너무 큰 욕심을 가지고 책을 써 내려간 건 아닌지 반성하게 됩니다.

미처 자세히 다루지 못한 이야기들도 있고, 적절하게 보완되어야 할 내용들도 문득문득 떠올라 아쉽기도 합니다. 이 책에서 다룬 굵직굵직한 주제들은 평생 저에게 주어진 숙제로 삼아 깊이 살피며 연구해 나아가겠습니다.

이 책이 예배 음악 사역 현장에서 묵묵히 홀로 고군분투하시는 분들께 좋은 벗이 되면 좋겠습니다.

그 한사람
예배자에게

appendix

흥얼거림 작곡법
(허밍 송라이팅)

중학교 시절이었습니다. 제가 다니던 교회에 저보다 5살 많은 형이 있었는데 그 형은 선교 단체에서 드럼을 쳤습니다. 그런데 어느 날 그 형이 작곡을 했다고 불쑥 두 곡을 가지고 와서 사람들을 놀래키는 거였습니다. 제가 다른 분을 평가할 처지는 아니었지만, 그 형은 솔직히 악보도 잘 못 그릴 것같이 생겼기 때문에 그 형이 작곡을 했다는 것 자체가 주위 사람들에게는 매우 큰 충격이었습니다.

그런데 그 형이 작곡한 곡은 심지어 좋기까지 했습니다. 물론 솔직히 어디서 많이 들어 본 듯한 느낌이었지만, 그래도 정말 좋은 느낌의 곡이었습니다. 실제로 그 형이 만든 노래를 교회에서 꽤 자주 불렀던 기억이 납니다.

지금은 누구든지 곡을 써서 녹음을 한 뒤 음원 사이트에 자유롭게 등록할 수 있습니다. 하지만 그 당시에는 음악을 만드는 사람들과 음악을 듣는 사람들 사이에 쉽게 건널 수 없는 경이로운 거리감이 있었습니다. 그런데 그 경이로운 거리감을 과감히 깨트려 준 고마운 은인이 바로 그 형이었습니다. '저 형이 작곡을 한다면 나도 할 수 있겠구나'라는 용기를 가지게 되었습니다.

작곡은 '열망'으로 시작됩니다

그렇게 작곡에 대한 열망이 점점 타오르기 시작하던 어느 날, 저는 수업시간에 선생님 몰래 공책 맨 뒷장을 펼쳐서 제 인생의 첫 작곡을 감행했습니다. 하지만 곡을 완성했음에도 부끄러운 마음에 저의 습작을 누군가에게 들려주진 못했습니다. 시간이 조금 지난 뒤에야 용기를 내어 교회 친구들에게 들려주었고, 그 후로 제가 작곡한 노래는 저희 교회 고등부, 대학부에서 불리기 시작했습니다. 그 후에 대학생이 되어 우연히 유명 사역자의 앨범 작업에 동참하게 되면서 저는 본격적인 작곡가의 길로 접어들게 되었습니다.

그 후로 지금까지 CCM 사역자이자 송라이터로 활동하면서 개인 활동뿐만 아니라 다른 분들의 음악 작업에 참여하여 현재 약 110여 곡 정도가 음원 사이트에 등록되어 있습니다.

제가 굳이 이렇게 저의 개인 스토리를 말씀드리는 이유가 있습니다. 현재 활동하고 있는 뮤지션들 중에는 저와 같은 출발점을 가진 선후배가 꽤 많습니다. 그렇기 때문에 작곡은 탄탄한 음악적 기초를 가진 사람들만 시작할 수 있는 것이 아니라는 사실을 꼭 말씀드리고 싶습니다. 물론 추후라도 전문적 음악 지식들을 더 갖추시는 것이 분명 작곡에 큰 도움이 되지만, 작곡을 하는 데 그런 전문적인 지식들이 절대적인 조건은 아닙니다.

요즘에는 수많은 작곡 관련 서적과 인터넷 강의가 쏟아져 나오고 있습니다. 그런데 그것들을 혼자 공부하는 일은 정말 쉽지 않습니다. 저에게도 화성학 관련 책이 10권 가까이 있지만 작곡을 30년 가까이 해온 저도 가끔씩 누군가의 도움을 받지 않고서는 도저히 이해하기 어려운 내용들이 있습니다. 그래서 사실 이 책에서 작곡법에 대해 다룰지 말지 고민하다가, 혹시나 책을 읽으시는 분 중에 한 분이라도 원하는 분이 계시다면 조금이라도 도움을 드리고 싶은 마음에 이렇게 부록에 따로 싣기로 결정했습니다.

물론 이 책에 다루는 내용보다 더 학문적인 작곡법을 공부하기 원하시는 분들은 개인 레슨을 받으시거나 학교에서 따로 배우시는 게 더 나을 수도 있습니다. 여기서는 음악적인 기초 지식이 부족한 독자들을 위해 특별히 준비한 작곡법을 소개해 드리려고 합니다. 이 작곡법은 음악 이론에 따른 접근이라기보다는 작곡을 시도하게 되는 직관적인 순서를 토대로 정리한 것입니다.

제 개인적인 작곡 노하우이기도 해서 작곡법의 이름이 필요했습니다. 그래서 어떤 이름으로 할까 고민하다가 거리를 걷다 **무심코 흥얼거림**으로 악기 없이 작곡한다는 의미로 '**허밍 송라이팅**' Humming songwriting, 일명 '**흥얼거림 작곡법**'이라고 이름 붙여 보았습니다.

자, 그럼 작곡법의 첫 번째 단계를 말해 볼까요?

바로, **작곡은 열망으로 시작됩니다.**

'모방'은 창조의 어머니입니다

작곡을 처음 시작했을 때 제가 알고 있었던 작곡 이론은 중고등학교 때의 음악 수업과 성가대에서 불렀던 찬양들이 전부였습니다. 그런데 돌아보면 그때의 경험은 음악을 할 때 꼭 알아야 할 기초 이론들을 잘 품고 있어서 저에게 큰 도움이 되었습니다.

중고등학교 음악 시간에는 기초적인 음악 용어, 박자, 조표, 화성, 형식, 악상, 악보 그리는 법 등을 배웠습니다. 그리고 성가대에서는 주로 바흐나 헨델, 모차르트와 같은 클래식 고전의 멜로디 위에 가사를 얹힌 성가곡을 많이 불렀습니다.

어쩌면 별 생각 없이 참여했던 그때의 경험들이 저에게 매우 소중한 음악적 토양이 되었다는 사실에 저는 지금도 깊이 감사하고 있습니다. 그중에서 제가 기독교 음악을 만들게 된 배경에는 당시 활발하게 사역하던 '주찬양', '옹기장이', '컨티넨탈 싱어즈', '두란노 경배와 찬양' 등의 영향이 컸습니다. 그리고 다른 한편으로는 개인적으로 좋아하던 대중가요와 팝송도 저의 음악에 중요한 영향을 끼쳤습니다.

앞서 저의 작곡 동기에 대해 말씀드렸지만, 보통 우리는 어떤 계기로 작곡을 해보기로 결심하게 될까요? 바로 내가 좋아하는 곡을 듣다가 '나도 저렇게 좋은 곡을 직접 만들 수 있으면 얼마나 좋을까?'라는 막연한 열망에서부터 시작됩니다.

해 아래 새 것은 없습니다. 과거의 음악과 완벽하게 다르고 새로운 음악은 없습니다. 그 말인즉슨 모든 창조는 모방에서 시작된다는 뜻입니다. 작곡의 첫걸음을 떼는 분들이라면 연습을 위한 모방을 망설이지 마시기 바랍니다. 정식으로 발표되는 음악이라면 당연히 표절의 잣대로 평가받아야 할 것입니다. 하지만 작곡 연습 과정에서의 모방은 원 작곡자의 음악 노하우를 실질적으로 배우는 데 더할 나위 없이 좋은 방법입니다.

음악을 만드는 법은 글을 짓는 법과 매우 유사합니다. 먼 옛날 중국 송나라 때 구양수라는 사람이 주장한 글짓기의 3요소인 '다독多讀, 다작多作, 다사多思'를 기억하시나요? '많이 읽고, 많이 쓰고, 많이 생각하기'입니다. 좋은 음악을 만들기 위한 3요소도 이와 유사합니다. **'다청多聽, 다작多作, 다사多思'**입니다. '많이 듣고, 많이 쓰고, 많이 생각하기'입니다. 그냥 좋아하는 노래를 무작정 지겨울 때까지 들으세요. 그리고 듣는 것이 지겨워지면 이제 따라 불러 보세요. 가수의 목소리도 흉내 내 보시고, 노래 중간중간에 자유롭게 꾸밈음을 넣으며 조금씩 다르게 불러 보세요. 좋은 노래를 만들기 위해서는 무모한 시도가 가장 중요합니다.

창조의 방

저는 작곡 수업을 할 때 학생들에게 먼저 음악을 **색깔**로 연상해 보라고 말합니다. 학생들이 푸른색, 노란색, 빨간색, 보라색 등을 말할 때 저는 그들이 좋아하는 음악 스타일을 예측해 봅니다. 그 후에 각각의 색깔에 맞춰 학생들이 좋아하는 음악이 차가운지, 따뜻한지, 기쁜지, 슬픈지를 **정서적인 대화**로 자연스럽게 이어갑니다. 그리고 자신이 좋아하는 영화 속 한 장면, 가슴 설레게 하는 사람, 사랑하는 이가 떠오르는 장소나 물건, 혹은 특별한 사연이 있는 음식 등을 물어보기도 합니다. 그런 것들을 떠올릴 때마다 자연스럽게 머릿속에 떠오르는 음악이 있는지 묻습니다.

이렇게 한 사람의 작곡가 안에 정서적인 재료들을 모아 두는 공간을 저는 **창조의 방**이라고 이름 붙이고 싶습니다. 작곡가에게는 작곡의 재료들을 담아 두었다가 꺼내어 쓰는 창조의 방이 필요합니다. 지금 바로 여러분이 좋아하는 음악을 들을 때 자연스럽게 떠오르는 이미지들을 한 번 적어 보세요. 그것들이 어쩌면 최고의 작곡 재료가 될지도 모릅니다.

1) 상상 밴드

작곡에 대한 열망에 사로잡히게 되면 지금까지 한 번도 듣지 못했던 멜로디가 갑자기 떠오를 때가 있습니다. 그것은 꿈에 나타나기도 하고 길을 걷다가 벼락을 맞은 것처럼 갑자기 떠오를 때도 있습니다. 그런데 보통 그 노래는 악보처럼 그려지는 것이 아니라 마치 영화의 한 장면처럼 머릿속을 울리며 맴돕니다. 마치 머릿속에서 상상 속의 밴드가 그 노래를 연주하는 것처럼 느껴집니다. 그런데 이런 상상은 작곡을 위한 좋은 아이디어가 떠올랐을 때 그 아이디어를 눈덩이처럼 키워가는 데 좋은 방법입니다. 이것은 일종의 이미지 트레이닝 기법이라고 할 수 있는데요. 이런 이미지 트레이닝 기법은 음악 연습뿐만 아니라 운동할 때도 요긴하게 쓰이는 연습법입니다.

여러분의 머릿속에 멋진 공연장이 있다고 상상해 보세요. 그리고 그곳에 악기가 하나씩 차례대로 등장하면 마침내 '상상 밴드'가 완성됩니다. 마치 여러분의 지휘를 기다렸다는 듯이 여러분의 상상에 따라 공연은 시작됩니다.

그때 창조의 방에 있던 여러분의 재료를 꺼내 음악의 배경으로 드리워 보세요. 이런 황홀한 순간은 여러분이 원하는 음악을 만들고 싶은 열망에 사로잡힐 때에야 비로소 찾아오게 됩니다.

그런데 우리가 무시할 수 없는 현실이 있습니다. 여러분이 최소한의 음악적인 지식도 없이 이런 상상을 한다는 건 정말 쉽지 않습니다. 앞서 앙상블에 대해 다룰 때 설명한 최소한의 음악 이론들은 현실적으로 꼭 알아두셔야 합니다. 그래서 여기서는 앞서 설명한 내용에 추가로 요즘 많이 부르는 찬양곡을 예로 들어 음악의 메시지나 색깔에 맞는 코드 진행을 몇 가지 알려 드리려고 합니다. 단 이 부분을 살피기 전에 먼저 '글로 배우는 겁 없는 앙상블' 부분으로 다시 돌아가 코드 진행에 대한 부분을 복습하는 것이 이해에 큰 도움이 될 것입니다.

좀 더 쉬운 이해를 위해 주로 'C'코드 혹은 'Am'코드 곡들을 중심으로 예를 들어 설명하겠습니다.

- 음악의 구조가 기-승-전-결이 뚜렷한 이야기식 노래

  C—G—Am—F—G—C

  〈부흥〉, 〈주님 다시 오실 때까지〉, 〈성령이 오셨네〉, 〈주를 위한 이 곳에〉 등.

- 빠른 모던 락 계열의 반복되는 메시지와 멜로디 패턴이 강조되는 노래

  C—G—Am—F 패턴

  〈불을 내려 주소서〉, 〈이 세상의 부요함보다〉, 〈주 발 앞에 나 엎드려〉

- 미디엄 템포의 EDM, 힙합, 퓨전 락 계열, 동양적인 선율의 노래

  F—(C)—G—Am—(C)—F—G—Am

  〈10,000 reasons(송축해 내 영혼)〉, 〈내 이름 아시죠〉, 〈사명〉, 〈십자가의 전달자〉

2) 창조주 하나님에게서 배우기

좋은 예배 음악을 위해서는 성경을 묵상하는 방법을 잘 배우는 것이 중요합니다. 성경을 깊이 관찰하고 묵상하는 법을 잘 배우게 되면 내 삶에서 일어나는 일들을 성경적으로 바라보는 관점이 생겨납니다. 그런 관점으로 가사를 쓰게 될 때 성경의 내용을 바탕으로 한 영감 있는 노래를 만들 수 있습니다. 특별히 자연을 신앙의 눈으로 보는 것은 작곡가들에게 좋은 기회가 될 수 있습니다. 자연과 만물 속에 숨겨져 있는 하나님의 창조적 스토리텔링을 배우는 것만큼 좋은 훈련이 있을까요? 헤럴드 베스트는 그의 책 「신앙의 눈으로 본 음악」(IVP역간)에서 좋은 음악의 특징을 창조성, 탁월성, 다양성이라고 말했습니다. 그만큼 우리는 창조의 하나님을 깊고 넓게 묵상할 때 탁월하고 다양한 음악을 만들 수 있습니다.

모티프,
위대한 노래는 흥얼거림으로
시작됩니다

1) 다윗의 모티프

예술 작품을 만들기 위한 창작자의 내부 충동, 즉 창작 동기를 '**모티프**'motif 라고 합니다. 또한 동시에 노래 중에서 가장 인상적인 부분의 리듬과 선율을 모티프라고 부르기도 합니다. 여러분, 다윗은 어떻게 작곡을 했을까 상상해 보셨나요? 악보도 없던 구전 음악 시대에 다윗은 어떻게 가사를 쓰고 멜로디를 붙이고 기억했을까요?

최혁 목사님은 자신의 책 「나의 찬송을 부르게 함이라」(규장)에서 성경 속에서 발견되는 음악의 기원을 크게 네 가지로 볼 수 있다고 말했습니다.

첫 번째는 이스라엘이 들어간 가나안 땅 원주민들의 토속 음악, 두 번째는 그들이 이집트에 있었을 때 배운 음악, 세 번째는 히브리어 자체가 가지고 있는 운율을 따라 말하듯이 노래하는 '**타밈**'TAMIM **엑센트**의 음악, 마지막 네 번째는 다윗 시대 유명한 음악가였던 여두둔에 의해 만들어진 창작음악이라고 말했습니다.

어쨌든 음악을 사랑한 다윗은 어린 시절부터 이런 음악적인 환경에서 창작의 열망에 사로잡혀 하프를 연주하거나 흥얼거리며 새로운 멜로디를 만들기 시작했을 것입니다.

저는 이런 장면을 상상해 보았습니다. 다윗은 사랑하는 여호와 하나님을 어떻게 표현할까 이런저런 상상들을 하며 이런 말 저런 말들을 붙여 보았겠죠. 때론 양 떼를 치다가 잠시 하늘을 바라보며 흥얼거렸을 것입니다. 때론 추운 밤에 양 떼들 사이에서 몸을 숨기고 야수들의 공격에 두려워 떨 때 하나님을 생각하다가 무심코 흥얼거렸을 것입니다. 그렇게 다윗은 자신의 상황을 바탕으로 역사상 가장 위대한 모티프를 만들었습니다.

'여호와는 나의 목자시니 내게 부족함이 없으리로다.'

다윗은 별안간 자신의 마음을 뜨겁게 물들인 이 한 문장을 잊지 않기 위해 밤새 흥얼거리며 잠들었을지도 모릅니다. 그렇게 보잘것없던 목동의 작은 흥얼거림이 이제는 지구상에서 가장 위대한 노래가 되어 수억 명의 사람들의 입에서 흥얼거려지고 있습니다. 그렇게 다윗의 가슴을 울린 짧은 한마디는 다윗의 일상 속에서 사람들의 입을 통해 전해졌을 것입니다. 그리고 결국은 또 다른 누군가의 모티프가 되었을 것입니다. 대중음악에서는 모티프를 일명 **후크**라고도 부릅니다. 임팩트 있는 모티프를 가지지 못한 노래는 제대로 생명력을 발휘하기가 어렵습니다.

2) 모티프 기록하기

초보 작곡가들이라면 노래를 만들 때 겪는 가장 큰 어려움 중에 하나가 악보를 그리는 일일 것입니다. 중고등학교 때 배운 기본 지식을 총동원하더라도 자신이 상상하는 멜로디를 정확하게 악보에 옮겨 담는 일은 초보자에게 정말 쉽지 않은 일입니다. 그렇기 때문에 스스로 기보(악보를 기록함)를 잘 기록하지 못한다고 해서 너무 좌절하거나 포기할 필요는 없습니다. 물론 장기적으로는 악보를 그릴 수 있도록 꾸준히 훈련하면 음악을 폭넓게 이해하는 데 도움이 됩니다. 하지만 악보로 그리는 일이 혹시 개인의 작업 스타일과 맞지 않거나 방해가 된다면, 자신에게 이울리는 기보법을 따로 개발하셔도 좋습니다. 숫자와 가사로만 되어 있는 중국 악보를 떠올려 보아도 기보법이 작곡에 필수 요소가 아니라는 저의 말이 충분히 이해되시리라 믿습니다.

참고로 저는 지금도 악상이 떠오를 땐 스마트폰 메모 기능에 이렇게 기보합니다.

2018.01.14 07:50

얼굴 E

A2 B2 E
그대의 눈 속에   시미솔 피솔/솔
A   B   E
그대의 주름 /위   시미솔피미/미
A   B   E
그대의 얼굴 위 시미솔 피솔/솔
  E/G# A
길이 보이네   미리디시/디

그대의 눈물이
그대의 미소가
그대의 소망이
그려져 있네

A B G#m E/G#
할렐루야 디리미 실미리
           시시(옥타브)디

A   E
그대의 얼굴에   피솔/라라라솔솔
G#m   Cm
그려진 주의 흔적 피미/피피솔/피미미

할렐루야   디시레미
할렐루야   피미피솔

주님의 얼굴에   피솔라라라솔솔

새겨진 그대 시간 피미피피솔피미미

간주

혹시 멜로디를 정확히 확인하고 싶다면 스마트폰에 피아노 애플리케이션을 설치하셔서 확인해 보시면 됩니다. 이 메모는 제가 10여 년 전에 필리핀 선교를 다녀온 후 노래를 만들고 싶어서 간단히 스케치해 놓은 것입니다. 제목은 곡을 쓰기 시작한 처음부터 〈얼굴〉이라고 지었습니다.

제목을 〈얼굴〉로 지은 동기는 이렇습니다. 저는 사역 기간에 저를 그곳으로 초청해 주신 선교사님이 어떤 삶의 여정을 지나오셨는지 들었습니다. 그런데 문득 선교사님의 얼굴을 유심히 들여다보게 되었습니다. 대부분 밝은 표정으로 대해 주셨지만 가끔 홀로 생각에 잠기실 때 선교사님의 표정은 밝다거나 어둡다거나 딱 잘라 말하기 애매한 느낌이었습니다. 혹시 무슨 걱정이 있으신가? 지금 행복하신 걸까? 불행하신 걸까?

30대 중반의 얼굴에는 이미 여기저기 주름진 골짜기들이 생겼습니다. 산처럼 높은 코, 광대뼈의 언덕, 눈 주위까지 사이사이 나 있는 주름을 보면 선교사님의 얼굴은 마치 자신이 걸어온 길 같았습니다. 자신의 길을 닮은 얼굴……, 선교사님의 이야기가 제 마음을 가득 채웠습니다. 그래서 저는 언젠가 그분의 이야기를 노래로 만들고 싶다고 다짐했습니다.

그 후로 선교사님이 문득 생각날 때마다 거울 속에 비친 제 얼굴을 들여다보며 여러 생각에 잠기기도 했습니다. 이 책을 쓰면서 저는 작업을 더 이상 미룰 수 없다는 생각에 사로잡혔습니다. 그래서 그 작곡의 열망으로 이 노래를 완성하기로 마음먹었습니다.

저의 작곡 작업은 보통 이렇게 시작됩니다. 인상 깊게 다가온 하나의 주제가 가슴에 남으면, 그것을 노래로 표현하고 싶은 **열망**이 생깁니다. 그리고 마치 김장한 배추 포기들을 땅에 묻어 두듯이 그때 떠오른 생각을 가슴 한편에 묻어 두면, 이 동기는 어떤 인상 깊은 사건을 겪을 때 되새김질 됩니다. 그리고 그 이야기는 시간의 흐름 속에서 잊히는 것이 아니라 오히려 좀 더 넓은 방향으로 확장됩니다. 이런 과정을 제대로 거칠수록 노래는 나의 삶과 더욱 맞닿아 깊이 있는 울림이 생기게 됩니다.

이 곡의 모티프 가사는 '**그대의 눈 속에**', '**그대의 주름 위**'입니다. 많은 분이 저에게 가장 많이 하는 질문이 있습니다.

"가사와 멜로디 중에 무엇을 먼저 쓰세요?"

그러면 저는 이렇게 대답합니다. "가사가 먼저 떠오를 때도 있고 멜로디가 먼저 떠오를 때도 있어요. 그런데 아주 가끔씩 가사와 멜로디가 같이 떠오를 때도 있어요." 이 노래가 바로 가사와 멜로디가 같이 떠오른 경우입니다. 그래서 그 부분의 가사와 멜로디, 코드 진행을 우선 적어 놓습니다. 나머지 부분은 대충 느낌만 표현해 놓았습니다.

스케치

1) 대충 기록하기

이제 스케치에 대해 설명드리겠습니다. 먼저 스케치의 방법으로는 제가 보여 드린 **메모**의 형식도 있지만, 아직 메모에 익숙지 않아서 좀 더 정확하게 곡을 기억해 두고 싶을 땐 스마트폰의 **녹음 기능**을 사용하는 것이 좋습니다. 모티프가 떠올랐다면 녹음 기능을 사용하여 여러 번 흥얼거리시면서 몇 번이라도 녹음해 두십시오. 어느 것 하나 삭제하지 마시고 녹음으로 **모두** 남겨 두시기 바랍니다. 비록 그것이 내가 원하던 노래의 주요 모티프로 사용되지 않을 수도 있지만, 혹시 다른 노래의 모티프로 사용될 수도 있기 때문에 반드시 지워 버리지 마시고 남겨 두시기 바랍니다.

참고로 개인적으로 작곡을 할 때는 되도록 악기를 사용하지 말고 입으로 흥얼거림을 사용하라고 말씀드리고 싶습니다. 피아노나 기타를 치면서 작곡을 하면 악기의 연주 실력에 멜로디가 갇혀 버리는 경우가 많습니다. 그리고 아무리 좋은 멜로디들의 조합이라도 실제로 입으로 흥얼거리면서 이어서 불러 봐야 전체적인 흐름이 훨씬 자연스럽게 이어질 수 있습니다. 이것은 마치 눈, 코, 입이 다 잘생긴 얼굴을 합성해 놓은 사진을 보면 오히려 어색한 얼굴이 되는 것과 같은 경우입니다.

노래는 모티프와 조연, 엑스트라와의 조화가 적절하게 이루어져야 더욱 효과적인 메시지를 전달할 수 있습니다. 그것을 위해 직접 입으로 처음부터 끝까지 한 번에 불러 보면서 흐름이 자연스럽게 이어지는지 체크해야 합니다. 이 방법은 스케치가 끝난 후 계속되는 작곡에 반복적으로 필요히다는 사실 또한 기억하시기 바랍니다.

다시 본론으로 돌아가 스케치에 대해 설명을 이어가 보겠습니다. 곡의 핵심 모티프를 만드는 일은 가장 중요하지만 작곡의 단계로는 거의 초기입니다. 앞서 제가 공유해 드린 메모처럼 모티프와 연결되는 스토리를 일기나 수필처럼 마음 가는대로 아무렇게 **쭉 풀어서** 기록해 보세요. 꼭 정제된 시처럼 멋지게 정리해서 기록할 필요는 없습니다. 성급하게 완성하려고 하지 마시고 자기 생각 안에 있는 모든 것을 다 쏟아내서 가감 없이 다 적어 봅니다. 앞에서 보여 드린 예는 모티프와 관련해서 떠오르는 이야기를 시의 형식을 빌어서 간단히 스케치만 해놓은 경우입니다.

아마 1차 스케치의 가사나 멜로디는 최종적으로 반 이상 바뀌거나 거의 다 바뀌고 극히 일부분만 사용될 수도 있습니다. 재미있는 사실은 이렇게 기록된 모티프들은 전혀 다른 두 개가 합쳐져서 하나의 새로운 노래가 될 수도 있다는 것입니다. 참고로 제 메모장에는 이런 상태의 노래 조각들이 항상 몇 곡씩 메모되어 있습니다.

다음 메모는 〈얼굴〉에 대한 2차 아이디어와 곡 컨셉을 고민하다가 스케치한 메모입니다. 한 노래에 대한 작곡 아이디어를 한 메모에만 몰아서 적어 두지 않고 이렇게 각각 다른 메모에 적어 둘 때 좋은 점이 있습니다. 작곡자가 처음의 관점으로만 생각이 매몰되어서 더 이상 이야기가 진행되지 않을 때가 있습니다. 그때 이런 식으로 따로따로 메모해 두는 작업은 노래의 방향을 새롭게 환기시키는 좋은 도구가 됩니다.

2018.06.12 06:57

미도2

얼굴
이메진 기독교 버전
해후

얼굴-얼굴을 삶의 지도로 묘사해보자
예수님과 나 2인 대화로

무심코 마주한 너란 사람
얼굴에 너의 길

자기 성찰...
기쁨 슬픔 좌절 언덕

너의 무표정 표정...

너의 얼굴에 그분의 얼굴
그분의 얼굴은 내 길 위에..

앞서 보여 드린 메모가 선교사님의 얼굴에 초점을 맞추었다면 위에 나온 메모는 '우리의 얼굴은 삶의 지도'라는 것에 초점을 맞추었습니다. 그리고 그 위에 예수님의 얼굴이 보인다는 내용으로 전개되고 있습니다.

지금까지 주제의 흐름을 보면 이렇습니다.

선교사님의 얼굴 → 삶의 길 → 예수님의 얼굴 → 우리의 얼굴, 길

노래가 완성되어 가면서 바뀔 수도 있겠지만 기본적인 곡의 메시지 방향은 이렇게 정리되었습니다.

2) 레퍼런스 찾기

아직 음원으로 완성되지 않은 곡을 누군가에게 설명할 때 우리는 보통 이전에 들었던 음악들을 도구로 삼습니다. 그 음악들을 **레퍼런스 음악**이라고 합니다. 음악적 지식이 부족하더라도 레퍼런스 음악을 정확히 연주자들에게 전달한다면 음악을 완성해 가는 데 큰 도움이 됩니다.

예를 들면 〈얼굴〉의 경우 3박자 계열의 왈츠 느낌을 살리고 싶었습니다. 그래서 피아노와 첼로를 중심으로 한 연주를 떠올려 보았습니다. 거기에 참고가 될 만한 몇 곡을 떠올려 보았습니다.

첫 번째 곡은 좀 오래된 곡이긴 한데요. 〈로미오와 줄리엣〉이라는 영화의 O.S.T. 중에 〈I'm Kissing you〉라는 곡을 1차 레퍼런스로 선택했습니다. 이 곡에서는 주로 악기나 편곡의 느낌을 참고했습니다.

그리고 선교사님이 좋아하시는 가수를 떠올리며 그분의 곡을 2차 레퍼런스로 선택했습니다. 마침 선교사님의 목소리도 그 가수처럼 낮고 부드러운 편이라 선교사님이 이 노래를 부르시는 것을 상상하면서 작업해 보기로 했습니다. 그래서 저는 선교사님과 그 가수의 목소리를 조금씩 흉내 내면서 작곡을 진행하였습니다.

노래가 완성된 이후에 그 노래를 부를 사람을 떠올리며 작곡을 진행하는 것은 작곡 이후를 위해 중요합니다. 곡을 부를 이를 고려해서 너무 높거나 낮지 않게 전체적인 **음의 높낮이**를 조절해야 합니다. 작곡하는 본인이 부를 노래라면 본인의 음역대에 맞게, 회중들이 함께 부를 노래라면 회중들의 음역대에 맞게 조절해야 합니다.

참고로 레퍼런스 곡은 자세하고 많을수록 좋습니다. 어떤 레퍼런스는 편곡 느낌, 어떤 레퍼런스는 악기 연주 스타일, 또 어떤 레퍼런스는 보컬이나 사운드 등 구체적으로 레퍼런스를 지정해서 선택하면 편곡에도 많은 도움이 됩니다.

지금까지 설명해 드린 흥얼거림 작곡법의 순서를 기억하기 쉽도록 간단한 도식으로 표현하면 이렇습니다.

> 열망 → 모방 → 창조의 방 → 모티프 → 스케치

이렇게 곡 전체 스케치까지의 과정이 끝나면 모티프 멜로디의 확장을 중심으로 전체 송폼을 구성하는 단계로 넘어가게 됩니다.

그리고 여기에서 다음 단계로 넘어가기 전에 코드 진행을 **숫자**로 표현하는 방법을 앞에서 간단히 언급한 적이 있는데 여기에서 좀 더 자세히 알아보도록 하겠습니다.

책의 앞부분에서 앙상블을 설명하면서 제가 여러 곡을 소개할 때 주로 C코드 진행의 노래들만 다루었는데요. 이것은 어디까지나 여러분의 쉬운 이해를 돕기 위한 방편이었습니다. 일반적으로 우리가 가장 연주하기 쉽고 익숙한 코드 진행이 C코드이기 때문이죠. 그래서 가끔 연주하기 너무 어려운 코드 진행을 만나면 아예 노래를 C코드로 바꾸어 연주하는 경우도 있습니다.

하지만 우리가 언제까지 그런 극단적인 방법을 사용할 수는 없는 노릇입니다. 그렇기 때문에 우리가 다양한 상황에서 여러 레퍼토리의 곡을 연주자들끼리 서로 원활하게 소통하기 위해서는 다른 코드 진행에서도 동일하게 적용할 수 있는 공통의 신호와 약속이 필요합니다. 일반적으로 앙상블에서는 모든 코드 진행의 '1도, 4도, 5도'를 '1, 4, 5'와 같은 식으로 숫자로 표현하기도 합니다. 예를 들어 D코드의 곡이라고 한다면, D코드의 전형적인 진행인 'D—A—Bm—G—A—D'가 있다고 칩시다. 그렇다면 보통 밴드끼리 이 코드 진행을 소통할 때는 '1—5—6—4—5—1'로 표현하는 것입니다. 만일 E코드의 같은 진행은 'E—B—C#m—A—B—E'가 되겠죠? 앞선 코드 진행들보다 어려워 보이지만 결국 이 코드 진행도 '1—5—6—4—5—1'로 이해하면 됩니다. 이 사실을 알아 두면 어떤 조의 코드 진행이라도 편하게 서로 소통할 수 있겠죠? 좀 더 쉬운 이해를 돕기 위해 코드 진행을 영상으로 보실 수 있도록 저의 유튜브에 영상을 올려 두었습니다.

송 폼 (Song form) 구성

이제 이 곡의 송폼을 구성해야 할 때가 왔습니다. 우선 앙상블에 대해 다룰 때 말씀드린 송폼을 아래 표로 다시 한 번 복습해 볼까요?

순서	내용
전주 INTRO	곡이 시작될 때 나오는 보컬 없는 반주 부분
벌스 VERSE	보컬이 처음 나와서 전개되는 도입 부분
후렴 CHORUS	보컬의 클라이맥스 부분
간주 INTERLUDE	절과 절 사이에 보컬 없는 반주 부분
브릿지 BRIDGE	벌스와 후렴 뒤에 또 다른 형식의 보컬 부분
후주 OUTRO	곡이 끝날 때 나오는 보컬 없는 반주 부분

이제 순차적인 작곡의 과정을 따라가면서 이 곡의 송폼을 최종적으로 정리하겠지만, 우선 저는 전체 송폼을 '**벌스**verse-**프리코러스**pre-chorus-**후렴** chorus'으로 잡아 보았습니다. 프리코러스pre-chorus에 대해서는 뒤에서 좀 더 자세히 말씀드리겠습니다.

이런 형태로 곡이 만들어지는 과정에 대해 간략히 설명해 보겠습니다. 마디의 수는 여러분이 이해하기 쉽도록 일반적으로 많이 사용하는 가장 작은 동기(모티프) 2마디, 프레이즈 4마디, 벌스=후렴 8마디의 형식을 기준으로 하겠습니다.

곡의 가장 중요한 동기인 2마디의 모티프와 다른 2마디의 조각을 이어 붙이면 4마디의 프레이즈가 완성됩니다. 그리고 다른 4마디의 프레이즈 두 개를 다시 그 뒤에 이어 붙이면 8마디의 벌스나 후렴이 됩니다. 그리고 마지막으로 완성된 벌스와 후렴을 이어 붙이고 거기에 브릿지나 프리코러스를 필요에 따라 추가로 이어 붙이면 하나의 곡이 완성되는 것입니다.

곡 구성에 필요한 마디 수 계산

- 모티프(2마디) + 모티프 바레이션(2마디)=프레이즈(4마디)
- 프레이즈(4마디) + 프레이즈(4마디)=벌스 혹은 후렴(8마디)
- 벌스(8마디) + 후렴(8마디) = 16마디 노래 완성
- 프리 코러스(8마디) or 브릿지(8마디) 추가
  = 24마디 or 32마디 노래 완성

여기서 멜로디 진행에 대해 잠시 살펴보겠습니다. 멜로디 진행에는 크게 세 가지가 있는데 **동음 진행**, **순차 진행**, **도약 진행**이 있습니다.

1) 동음 진행

먼저 동음 진행에 대해 알아보겠습니다. 같은 음을 반복하는 것만으로도 훌륭한 멜로디가 될 수 있습니다. 예를 들어 〈내 마음에 주를 향한 사랑이〉(작사, 작곡: 하스데반)같은 찬양의 경우에는 무려 첫 마디가 8개의 '미'로만 이뤄져 있습니다. 특별히 요즘 빠른 템포의 리듬을 강조하는 곡에서 이런 동음 진행을 많이 사용합니다. 〈내 모든 삶의 행동 주안에〉(작사, 작곡: David Ruis)같은 빠른 찬양뿐만 아니라, 전 세계를 휩쓸고 있는 아이돌 음악에서도 이런 동음 진행이 많이 사용됩니다.

따라서 함께 몸을 움직이면서 신나게 부를 수 있는 곡을 쓰고 싶다면 동음 진행을 사용하면서 조금은 복잡해 보이는 리듬을 사용하면 함께 부르기에 훨씬 좋겠죠? 때로 동음 진행은 순차 진행, 도약 진행 사이에서 전체 곡 진행이 원활하도록 긴장과 이완을 조율하는 역할을 맡기도 합니다.

2) 순차 진행

순차 진행은 멜로디가 자연스럽게 상승 또는 하강하는 진행을 말합니다. 대표적인 순차 진행은 우리가 어린 시절 피아노 학원에서 많이 접했던 하농Hanon 피아노 교본 같은 곳에 등장하기도 합니다. 동요에도 이런 순차 진행이 많이 등장합니다.

비교적 쉬운 곡들은 동음 진행이나 순차 진행으로 이루어져 있습니다. 찬양 중에는 〈주의 자비가 내려와〉(작사, 작곡: David Ruis) 같은 곡이 순차 진행의 대표적인 예라고 볼 수 있습니다.

순차 진행은 보통 음의 상승과 하강의 움직임이 이어지다가 마지막에 '1도'로 돌아가려는 특징을 가지고 있습니다. 과거에는 동음 진행과 순차 진행이 모티프에 주로 많이 사용되었는데, 요즘에는 색다른 느낌을 주는 도약 진행이 많이 사용되기도 합니다.

3) 도약 진행

말 그대로 음의 높낮이가 같거나 순차적으로 바뀌는 것이 아니라 갑자기 올라가거나 내려가는 진행을 말합니다. 일반적으로 곡의 난이도는 도약 진행이 많고 적음에 따라 결정되는 경우가 많습니다.

찬양 중에는 〈예배합니다〉(작사, 작곡: Rose Lee)의 후렴구가 도약 진행의 대표적인 예라고 볼 수 있습니다.

인상적인 도약 진행은 곡이 청중들에게 각인되게 하는 효과적인 도구이기도 합니다. 하지만 자칫 무분별한 도약 진행을 사용하게 될 때 그 곡에 대한 난이도나 피로도가 높아져 청중들의 외면을 받을 수도 있다는 것을 기억해야 합니다.

자, 이제 설명을 계속 이어가겠는데요. 곡의 앞부분인 벌스를 만들기 위해 모티프와 모티프 바레이션, 그리고 조연 프레이즈를 만드는 과정을 먼저 소개하겠습니다. 그 후에 전체적인 송폼 구성까지 이어서 설명하겠습니다. 앞서 제가 소개해드린 〈얼굴〉이라는 곡으로 예를 들어 설명하도록 하겠습니다.

벌스

1) 모티프

이 곡의 **모티프**를 먼저 소개해 드리겠습니다. 모티프의 멜로디 진행 방법은 **도약 진행**이 사용되었습니다.

참고로 이 노래는 E장조의 곡인데요. 우선 최대한 여러분이 코드 진행을 쉽게 이해하실 수 있도록 기본 코드로 표기했습니다. 거의 7-8년 전에 이 곡에 대해 처음 떠올릴 때 바로 생각난 모티프의 멜로디가 바로 이것입니다. 참고로 모티프는 꽤 오랜 시간을 거쳐 완성되기도 하지만, 가끔은 이 곡처럼 단번에 떠오르기도 합니다.

2) 모티프 바레이션 motif variation

이렇게 모티프가 완성되었다면 뒤에 이어 붙일 추가 마디가 필요합니다. 보통 모티프의 느낌을 이어서 만드는데, 그것을 **모티프 바레이션**motif variation이라고 합니다.

바레이션variation이란 '**변주**'變奏라고도 하는데, 원래의 멜로디나 리듬을 변형해서 연주하는 것을 뜻합니다. 아주 유명한 모티프를 가진 곡 중에 베토벤의 운명 교향곡이 있습니다.

운명 교향곡은 앞부분에 나오는 강렬한 멜로디를 유사한 패턴으로 반복해서 아래와 같이 바레이션을 완성합니다.

이런 방법으로 저는 〈얼굴〉의 모티프를 이렇게 바레이션하였습니다.

처음에는 똑같은 진행을 한 번 더 반복하고 끝 음만 살짝 바꿀까 생각했는데 계속 불러 보니 다소 지루하게 느껴졌습니다. 그래서 아예 코드 진행을 바꾸고 그에 맞게 멜로디를 모티프와 유사하게 진행해 보았습니다. 이 모티프 바레이션은 잠시 멈춰 있던 작곡의 여정을 다시 시작하는 데 훌륭한 디딤돌이 되어 주었습니다. 이 과정을 거쳐 〈얼굴〉의 중요한 첫 4마디가 완성되었습니다.

3) 조연 프레이즈

다음으로 모티프와 모티프 바레이션으로 이뤄진 첫 4마디를 이어갈 다음 4마디가 필요한데요. 저는 도약 진행 중심으로 이뤄진 앞부분의 긴장감을 잠시 풀어 주기 위해 이어지는 뒷부분에는 순차 진행을 사용하기로 결정했습니다.

전체 곡을 구성할 때 **긴장**과 **이완**의 **균형**은 매우 중요합니다. 영화로 비유하면 주인공 중심으로 생겨나는 사건의 지나친 긴장감을 일시적으로 완화시켜주기 위해 조연이 감초의 역할을 하는 것과 같습니다. 그래서 이런 역할을 하는, 이어지는 4마디의 프레이즈를 **조연 프레이즈**라고 이름 붙여 보았습니다.

참고로 이 노래는 '**얼굴**'과 '**길**'이 중심 단어인데요. 길이라는 이미지를 표현하기 위해 리듬을 3박자 계열의 왈츠풍으로 하면 좋겠다는 생각이 들었습니다. 앞서 말씀드린 가수의 목소리를 상상의 도구로 삼아서 저는 조연 프레이즈를 만들어 보았습니다. 여기에선 순차 진행과 동음 진행을 함께 적절히 배합해서 이렇게 만들어 보았습니다.

4) 벌스의 완성

이렇게 해서 노래의 첫 8마디가 완성되었는데요. 앞서 곡의 구성에 대해 설명할 때 노래의 앞부분을 **벌스**라고 부른다고 말씀드렸습니다. 이 벌스 부분은 8마디로 구성되기도 하고 16마디로 구성되기도 합니다. 그런데 가사에 많은 내용을 담으려면 자연스럽게 노래의 길이가 길어지게 마련입니다. 이 노래는 아무래도 담아야 할 가사가 많아서 벌스를 16마디로 만들기로 했습니다. 이럴 땐 보통 앞부분의 8마디를 '첫 번째 벌스'라고 부르고, 뒤의 8마디를 '두 번째 벌스'라고 부릅니다.

앞부분은 모티프를 살려 그대로 사용하고, 뒷부분의 조연 프레이즈는 다시 바레이션해서 높은 음으로 살짝 올라가 후렴으로 넘어가기 전에 적당히 꾸며 주었습니다. 앞부분 4마디에서 도약 진행을 주로 사용했다면, 뒷부분 4마디에서는 동음과 순차 진행으로 대조시켜 주면서 도약 진행으로 인해 생긴 긴장감을 이완해 주는 쪽으로 균형을 잡아 전체적인 흐름을 완성했습니다.

이로써 "모티프 → 모티프 바레이션 → 조연 프레이즈 → 조연 프레이즈 바레이션"의 과정을 거쳐 16마디의 전체 벌스가 완성되었습니다.

5) 프리 코러스 pre-chorus

참고로 위의 표에서 설명 드리지 못한 **프리 코러스**pre-chorus라는 부분이 있습니다. 이 부분은 벌스에서 후렴으로 단순하게 이어지지 않고, 노래를 후반부에서 **환기**시키거나 화려하게 해주는 역할을 합니다. 그렇기 때문에 벌스에서 충분히 설명되지 않은 부분이 있거나 전환의 필요가 있을 때 프리 코러스 파트를 사용하면 됩니다.

특히 이 노래의 경우 앞부분은 선교사님의 사역과 이미지에 맞게 너무 화려하지 않고 **덤덤하게** 표현되었으면 하는 마음에 일부러 고음쪽 멜로디를 많이 사용하지 않았습니다. 사실 후렴도 음이 아주 높지는 않기 때문에 프리 코러스에서 한 번 정도 환기를 시킨 후에 후렴으로 넘어가는 것이 좋은 방법이라고 생각했습니다. 그래서 프리 코러스를 벌스와 후렴 사이에 이렇게 4마디를 추가하여 삽입하였습니다.

후 렴

1) 후렴 모티프

저는 보통 한 곡 안에 **모티프**를 **두 개** 정도 잡고 작업을 진행합니다. 앞부분 벌스에 하나, 그리고 후렴에 하나, 이렇게 두 개의 모티프가 전체 곡의 무게 중심을 잡아 주도록 합니다.

후렴에서 노래 전체의 메시지는 '**얼굴**'에서 '**길**'로 옮겨집니다. 우리가 걸어갈 길을 떠올리면서 그에 적합한 멜로디를 떠올렸습니다. 벌스의 모티프가 이 노래를 시작하게 한 동기였다면, 후렴의 모티프는 이 노래의 의미가 더 넓게 확장되고 마무리되는 데 중요한 단서가 되었습니다.

이 곡은 벌스와 프리 코러스에 상대적으로 멜로디가 많아서 후렴의 초입 부분에서는 멜로디를 줄여 곡의 속도를 조절하고 환기시키는 효과를 시도해 보았습니다. 프리 코러스 부분에서 순차 진행의 멜로디를 사용해서 분위기 전환을 위해 도약 진행을 다시 사용했습니다.

2) 후렴 모티프 바레이션

후렴 모티프 뒤에 이어 붙어서 프레이즈를 완성할 멜로디 진행은 앞부분의 벌스의 패턴과 유사하게 만들었습니다.

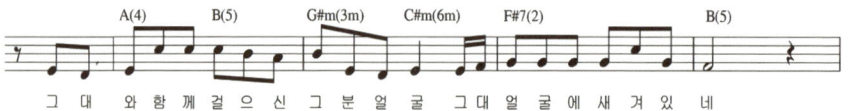

이렇게 후렴의 8마디가 완성되고 나머지 뒤의 8마디는 앞부분의 후렴을 다시 참고해서 바레이션했는데, 음의 높이를 높여 좀 더 화려하게 마무리하였습니다.

가사나 멜로디의 진행이 정확히 4마디로 맞아떨어지지 않아서 한 마디를 더 추가하여 1도로 곡을 마무리했습니다.

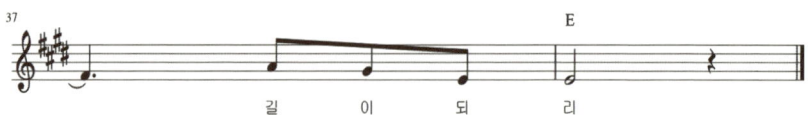

수정

1) 가사 정리

참고로 가사의 유형에는 누군가와 대화를 하듯이 이야기를 끌어가는 **대화형**, 마치 한 폭의 그림을 그리는 것과 같은 **이미지형**, 언어의 패턴이나 문법을 잘 사용하는 **라임형**의 가사가 있습니다.

작곡가는 이런 유형들 중에 곡을 들을 대상자와 전달하고자 하는 메시지의 특성에 따라 적절한 유형을 선택해야 합니다. 하지만 무엇보다 보통 작사가가 가장 잘 다룰 수 있는 유형을 선택하는 것이 좋습니다. 때론 듣기에 달콤하고 트렌디한 미사여구 가득한 가사가 필요한 경우도 있습니다. 하지만 깊은 묵상을 통과한 담백하고 쉽고 분명한 가사는 시대를 초월해 많은 사람에게 사랑받습니다. 그 대표적인 예가 **찬송가**입니다. 그렇기 때문에 찬송가의 가사를 깊이 묵상하고 연구하는 것은 가사 쓰기에 많은 도움이 됩니다.

이제 가사 스케치를 세부적으로 다듬어 가는 과정에 대해 설명해 보도록 하겠습니다. 가사와 멜로디를 조합할 때는 동사가 명사로 바뀔 수도 있습니다. 예를 들면 '주님을 찬양합니다'라는 가사가 멜로디에 맞게 '주 찬양'으로 짧게 바뀔 수 있습니다. 그리고 존댓말이 반말로 바뀌거나 오히려 그 반대가 될 수도 있습니다. 예를 들면 '내 영혼은 안전합니다'라는 가사를 '내 영혼 안전해'라고 줄이는 방식입니다. 그리고 전치사나 수식어 등을 생략할 수도 있고 추가할 수도 있습니다. 예를 들어 '주님의 뜻은 넓고 깊습니다'를 '주 뜻 넓고 깊어'로 줄일 수도 있습니다. 이 과정에서는 멜로디와 가사의 유연한 조율이 반드시 필요합니다. 어떤 경우에는 좋은 가사와 멜로디 둘 중에 하나를 반드시 포기해야만 하는 상황에 이르기도 합니다. 그럴 때는 부분적인 흐름보다는 **전체적인 흐름**에 더 좋은 쪽으로 초점을 맞추어 수정하실 것을 추천합니다.

2) 더하기와 빼기

음악을 완성해 가는 과정을 간단히 표현하면 **더하기**와 **빼기**라고 할 수 있습니다. 가사와 멜로디가 더해지기도 하고 빠지기도 하면서 곡은 그렇게 완성되어 갑니다.

처음 '소망의 바다' 활동을 시작할 때 어떤 선배님이 제 노래의 긴 가사를 보면서 해주신 말씀이 기억납니다. "아직 젊어서 하고 싶은 말이 많구나. 그래. 20대엔 그렇게 많이 표현해야 해." 그땐 이 말이 무슨 말인지 잘 몰랐지만 이제야 어떤 의미인지 고개가 끄덕여집니다. 그래서 저는 제자들이나 후배들에게 이렇게 말해 주곤 합니다.

"음악의 여정을 전체적으로 생각해 보면 20대는 더하기를 열심히 해야 할 때야. 그러니 최대한 많이 듣고 많이 시도해 보고 다양하게 도전하면서 음악의 그릇을 넓혀야 해. 그런데 30대 중후반이 지나기 시작하면 이제 빼기를 해야 할 때가 올 거야. 넓이가 아닌 깊이가 필요할 때지. 무조건 더해서 좋은 음악을 만들기보다는 불필요한 것들을 빼면서 좋은 음악을 만들어야 해. 이렇게 빼는 게 훨씬 어려워. 너는 네 자리, 나는 내 자리에서 각자 열심히 더하고 빼자."

저와 여러분의 음악 여정이 지금 이 순간을 지나고 나면 또 다른 음악의 깨달음이 있겠죠?

3) 숲과 나무를 번갈아 보기

음악은 마치 나무와 숲을 동시에 보는 것처럼 부분과 전체를 번갈아 보면서 점검하는 과정이 반드시 필요합니다. 전체의 흐름을 놓치고 곡의 일부분에 대한 만족감에만 취해 있어서는 안 됩니다. 또한 개인적으로 의도하지 않았던 결과에 대해 너무 아쉬워해서도 안 됩니다. 원래 내가 의도하지 않은 방향이지만 오히려 더 좋은 결과를 맺는 경우도 많기 때문입니다. 이제는 내가 듣기 좋은 음악에서 다른 사람들이 듣기 좋은 음악으로 생각의 전환을 가져야 할 시기가 바로 이때입니다.

어느 한 부분이 도드라지게 좋은 것보다는 모티프와 조연들 모두 자신의 역할을 전체적인 흐름에 맞게 각자 잘 감당해야 전체적으로 좋은 노래가 됩니다. 혹시나 부록을 읽으면서 중간에 이해가 잘 되지 않는 부분이 있다면, 앞서 설명해 드린 부분을 함께 살펴보시기 바랍니다. 전체적으로 이해하는 데 도움이 될 것입니다.

완 성

이렇게 해서 곡 전체가 완성되었습니다. 곡을 완성하면서 다시 한 번 전체 가사와 멜로디의 흐름을 점검합니다. 혹시 가사 중에 어법이 맞지 않거나 어색한 부분은 없는지, 멜로디에서 혹시 의도한 것과 다르게 잘못 표기된 부분은 없는지 꼼꼼히 살펴봅니다.

그리고 **코드**를 편곡해야 하는데요. 코드 편곡은 이 책에서 짧게 다루기에는 내용이 매우 방대하고, 또 시간과 노력이 많이 필요한지라 앞에서 다룬 기본 코드의 이해 이외에는 자세히 다루지 않겠습니다. 하지만 만일 지금까지 설명해 드린 흥얼거림 작곡법을 잘 이해하신 분들이라면, 코드 편곡에 대해 욕심을 더 부리셔도 좋습니다. 이미 인터넷이나 다른 책에 코드 편곡 자료가 많이 나와 있습니다.

이렇게 최종적으로 곡이 완성되었습니다. 곡을 들어 보시려면 저의 유튜브 채널을 방문하셔서 감상하시면 됩니다.

얼굴

음악 공개

1) 피드백 그룹 공개

곡 작업이 끝난 뒤 반드시 거쳐야 할 과정이 있습니다. 바로 **피드백**과 **음악 공개**입니다. 먼저 곡을 누군가에게 바로 들려주지 마십시오. 그냥 잠시 묵혀 두고 일주일 후에 다시 꺼내서 불러 보십시오.

그렇게 일주일 후에 곡을 꺼내서 다시 불러 보니 처음의 감동은 다 사라지고 괜히 스스로 민망한 느낌이 든다면 미련 없이 그 곡을 접으시길 바랍니다. 제 개인적으로는 만일 5곡 정도를 쓴다면 보통 그중에 1곡 정도만 공식적으로 공개합니다.

하지만 다행히 그 곡이 여전히 내게 좋은 느낌을 준다면 그 곡을 모니터링해 줄 10명의 피드백 그룹을 만들어 보세요. 그리고 그들에게 그 곡을 들려주세요. 모니터링 인단의 구성은 대충 이렇습니다. 피드백 그룹이 10명일 경우를 전제로 어떤 노래를 들어도 좋다고 말할 초긍정 마인드의 소유자 2명, 지극히 대중적인 취향을 가진 6명, 냉정하고 날카로운 분석력을 가진 2명을 모아 봅시다.

피드백 그룹 모두의 반응이 좋다면 그 곡은 내 평생에 한 곡 쓸까 말까 한 명곡이 될 가능성이 큽니다. 그 중에 7-8명이 좋다면 그래도 그 곡은 주위 사람들에게 자신감을 가지고 소개해도 될 만한 충분히 좋은 곡입니다. 그런데 만일 좋다고 말한 사람이 5명 이하라면 그 곡은 반드시 보완 과정을 거치거나 눈물을 머금고 포기하셔야 할 수도 있습니다. 물론 피드백 그룹의 판단을 떠나 어떤 곡이든지 작곡자 개인에게는 소중하고 사랑받을 가치가 있는 곡이라는 사실을 잊지 마시기 바랍니다.

2) 정식 공개

위의 과정을 거쳐 그 곡이 주변에 소개할 만한 곡이라고 판단된다면 곡을 **공개**하기 시작하십시오. 먼저 내가 모이는 **소그룹**이나 **중그룹**에서 먼저 불러 봅니다. 그때 그 곡이 생명력을 가지고 있다면 사람들이 알아서 다른 이들에게 그 곡을 소개하기 시작할 것입니다. 물론 이 단계에서 곡을 수정할 수 있는 기회가 한 번 더 있습니다. 이때 곡에서 2퍼센트 아쉬운 점이 있다면 **피드백**을 통해 2차로 **보완**할 수 있습니다.

이에 대한 유명한 일화를 하나 소개해 드리겠습니다.

〈모든 능력과 모든 권세Above all〉라는 곡은 두 명이 함께 만들었습니다. 유명한 예배 음악 사역자인 폴 발로쉬가 벌스 부분을 작곡하고, 후렴은 레니 르블랑이라는 사역자가 작곡했습니다.

그런데 처음엔 폴 발로쉬가 전곡을 다 만들었다고 합니다. 원곡은 전반부에 나오는 모든 능력과 모든 권세를 가지신 예수님에 대한 찬양이 후렴에서도 계속 화려하고 장엄하게 이어졌다고 합니다.

어느 날 폴 발로쉬가 소그룹에서 원곡을 소개했는데, 그때 레니 르블랑도 그 자리에 함께 있었다고 합니다. 레니 르블랑이 원곡을 듣고 폴 발로쉬에게 혹시 자신이 후렴을 다시 써 볼 수 있을지 물었습니다. 불편한 제안일 수도 있었지만, 폴 발로쉬는 그 제안을 흔쾌히 받아들였습니다.

일주일이 지난 후에 레니 르블랑은 앞부분의 웅장하고 화려한 내용과는 정반대로, 십자가의 고통을 당하시고 장미꽃처럼 짓밟히신 예수님의 낮아지신 사랑을 역설적으로 노래한 후렴구를 새롭게 만들어 냈습니다. 폴 발로쉬는 새로운 후렴구를 받아들였습니다. 그렇게 해서 〈모든 능력과 모든 권세〉라는 명곡이 탄생하게 된 것입니다.

곡 자체도 아름답지만 한 곡이 완성되는 과정은 더욱 아름다웠습니다.

저 또한 공동 작업을 많이 해보았는데요. 혼자 만들 때는 절대 느낄 수 없는 특별한 경험을 할 수 있습니다. 소그룹에서의 피드백은 때로는 이렇게 훌륭한 반전을 낳기도 합니다.

3) 음원 제작 및 발표

그렇게 조금씩 긍정적인 피드백이 쌓여 간다면 이제는 **대그룹**에서 곡을 나눌 때가 된 것입니다. 요즘엔 꼭 전문 음악가가 아니라도 자신의 SNS나 온라인 플랫폼에 음악 영상을 직접 제작해서 업로드하는 경우가 늘고 있습니다. 초창기에는 기존의 곡을 커버하는 영상이 주를 이루었지만, 점점 시간이 지나면서 이런 온라인 플랫폼은 아마추어부터 전문가까지 자신의 창작 콘텐츠를 효과적으로 많은 이와 공유할 수 있는 기회의 장으로 급격히 팽창하고 있습니다.

만일 그 곡이 온라인상에서도 주목을 받기 시작했다면 정식으로 싱글 음원을 발매해도 좋습니다. 예전에는 보통 10곡 가까이 빼곡히 채운 정규 앨범으로 발매했기 때문에 많은 제작비가 필요했고, 유통 회사를 거쳐야만 홍보나 유통이 가능했습니다. 하지만 최근에는 한 곡만 따로 작업된 싱글 음원을 발매하는 경우가 대부분입니다. 생각보다 비용이 적게 들기도

하고, 음악을 많은 이와 나누는 루트가 훨씬 다양해졌기 때문에 음원 제작은 주위의 큰 도움 없이도 작곡가가 개인적으로 충분히 도전할 만한 목표가 되었습니다.

부디 여러분의 마음속 '창조의 방'에 숨겨진 아름다운 모티프를 세상에 선보이게 되기를 응원합니다. 그리고 여러분이 세상에 말하고자 하는 메시지가 지금까지 말씀드린 모든 과정을 통해 하나의 곡으로 잘 완성되어서 많은 이에게 위로와 희망의 메시지가 되기를 바랍니다.

마지막으로 흥얼거림 작곡법의 전체 순서를 한 번 더 요약해 보도록 하겠습니다.

> 열망 → 모방 → 창조의 방 → 모티프 → 스케치 → 송폼 구성 → 벌스 → 후렴 → 수정 → 완성 → 음악 공개

저는 완성된 노래를 선교사님께 보내 드렸습니다. 이 곡이 선교사님께 위로가 될 뿐만 아니라 같은 길을 걷고 계실 모든 분에게 위로와 격려가 되었으면 하는 바람입니다. 이 곡을 들으시는 분들이 거울 앞에 서서 자신의 소중한 얼굴을 들여다보면서 스스로의 길을 격려하고 응원하시면 좋겠습니다.

실습 및 적용

❶ 시작부터 완성까지의 기간을 어느 정도 정한 뒤에 작곡을 진행하고 앞에서 설명한 순서에 따라 새로운 곡을 만들어 봅시다. 100퍼센트 만족할 만한 곡이 나오지 못할 수도 있습니다. 그래도 열망의 과정에서 음악 공개까지 진행해 보시기 바랍니다. 그리고 가능하다면 작은 연주회를 열어 봅시다.

❷ 연주회를 통해 작곡을 하면서 느낀 점, 곡을 들으면서 느낀 점 등 서로의 의견을 함께 나누고 귀한 첫걸음을 응원해 봅시다. 그리고 이 연주회를 영상 촬영이나 녹음으로 꼭 기록해 두시기 바랍니다. 원곡을 더 다듬거나 혹은 다음 곡을 만들 때에 좋은 자료가 됩니다.

예배 음악 사역을 위한 참고 도서

국내서

가진수, 「예배, 패러다임 시프트」, 2020, 워십리더미디어.
김철웅, 「추적! 마틴루터도 CCM 사역자였는가?」, 2009, 예영커뮤니케이션.
문화랑, 「예배학 지도 그리기」, 2020, 이레서원.
민호기, 「작은 예배자」, 2011, 죠이선교회.
박철순, 「예배콘티 작성의 원리와 실제」, 2017, 워십빌더스.
백성훈, 「팀사역의 원리: 예배팀 운영의 실제」, 2018, CLC.
손재익, 「특강 예배 모범」, 2018, 흑곰북스.
신국원, 「니고데모의 안경」, 2005, IVP.
이강혁, 「예배의 미래」, 2020, 삼원사.
주종훈, 「기독교 예배와 세계관」, 2014, 워십리더미디어.
최혁, 「나의 찬송을 부르라」, 1994, 규장.
홍정수, 「교회음악 예배음악 신자들의 찬양」, 2002, 장로회신학대학교출판부.

번역서

그레그 시어, 「아트 오브 워십」, 2009, 예수전도단 역간.
니콜라스 월터스토프, 「행동하는 예술」, 2010, IVP 역간.
데이비드 베일즈 & 테드 올랜드, 「예술가여 무엇이 두려운가?」, 2012, 루비박스 역간.
로버트 뱅크스, 「1세기 교회 예배 이야기」, 2017, IVP 역간.
로버트 웨버, 「예배란 무엇인가?」, 2014, 워십리더미디어 역간.
마르바 던, 「고귀한 시간 낭비, 예배」, 2004, 도서출판 이레 역간.
마코토 후지무라, 「컬처 케어」, 2020, IVP 역간.
매트 레드맨, 「하나님 앞에 선 예배자」, 2002, 죠이선교회출판부 역간.
매트 레드맨과 친구들, 「예배자 핵심 파일2」, 2006, 죠이선교회출판부 역간.
제임스 스미스, 「하나님 나라를 욕망하라」, 2016, IVP 역간.
제임스 스미스, 「하나님 나라를 상상하라」, 2018, IVP 역간.
존 M. 프레임, 「신령과 진정으로 드리는 예배」, 2000, 총신대학교 출판부 역간.
탐 크라우터, 「하나님의 손에 훈련된 예배 인도자」, 2012, 예수전도단 역간.
티시 해리슨 워런, 「오늘이라는 예배」, 2019, IVP 역간.
헤럴드 베스트, 「신앙의 눈으로 본 음악」, 1995, IVP 역간.

그 한 사람 예배자에게

초판 발행	2020년 7월 15일
지은이	전영훈
발행인	김수억
발행처	죠이선교회(등록 1980. 3. 8. 제5-75호)
주소	02576 서울시 동대문구 왕산로19바길 33
전화	(출판부) 925-0451
	(죠이선교회 본부, 학원사역부, 해외사역부) 929-3652
	(전문사역부) 921-0691
팩스	(02) 923-3016
인쇄소	송현문화
판권소유	ⓒ죠이선교회
ISBN	978-89-421-0449-9 03230

책값은 뒤표지에 있습니다.
잘못된 도서는 교환하여 드립니다.
이 책 내용을 허락 없이 옮겨 사용할 수 없습니다.

이 도서의 국립중앙도서관 출판예정도서목록(CIP)은 서지정보유통지원시스템 홈페이지
(http://seoji.nl.go.kr)와 국가자료공동목록시스템(http://www.nl.go.kr/kolisnet)에서
이용하실 수 있습니다. (CIP제어번호: CIP2020022531)